*Janosch erzählt
Grimm's Märchen*

Janosch erzählt Grimm's Märchen

*Vierundfünfzig ausgewählte Märchen,
neu erzählt für Kinder von heute
Mit farbigen Bildern von Janosch selbst*

**BELTZ
& Gelberg**

Janosch, geboren 1931 in Zaborze, Oberschlesien, arbeitete in verschiedenen Berufen, seit 1953 als freier Künstler und Autor. Er lebt heute auf einer einsamen Insel.
Er veröffentlichte zahlreiche Kinder- und Bilderbücher und Romane, zum größten Teil im Programm Beltz & Gelberg. Für Oh, wie schön ist Panama *erhielt er den Deutschen Jugendbuchpreis.*

Die vorliegende Sammlung der Grimms's Märchen erschien erstmals 1972 mit zweifarbigen Zeichnungen von Janosch. Für diese Ausgabe wurden alle Märchen vom Autor neu durchgesehen sowie einige Märchen verändert. Neu hinzugekommen sind die Märchen Der starke Hans, Der junge Riese, Das Hirtenbübchen *und* Das Eselein.

Lektorat Barbara Gelberg

Veränderte Neuausgabe
© 1971, 1991 Beltz Verlag, Weinheim und Basel
Programm Beltz & Gelberg, Weinheim
Alle Rechte vorbehalten
Einbandgestaltung von Jiska de Wolf
unter Verwendung einer Illustration von Janosch
Gesamtherstellung Druckhaus Beltz, 6944 Hemsbach
Printed in Germany
ISBN 3 407 80082 7

Inhalt

Die Bienenkönigin 7

Hans im Glück 10

Die goldene Gans 16

Des Schneiders Daumerling Wanderschaft 21

Das singende, springende Löweneckerchen 29

Der Fuchs und die Gänse 37

Das Ditmarsische Fliegenmärchen 40

Das Lumpengesindel 42

Vom tapferen Schneider 47

Der kluge Knecht 52

Frau Holle 56

Vom Hühnchen im Nußberg 60

Der singende Knochen 63

Katz und Maus in Gesellschaft 66

Der Froschkönig 70

Der alte Sultan 76

Von der Frau Füchsin 79

Der Wolf und die sieben Geißlein 83

Doktor Allwissend 87

Hans mein Igel 93

Die Prinzessin mit der Laus 98

Die Goldkinder 100

Der starke Hans 106

Flöhchen und Läuschen 112

Der gestiefelte Kater 115

Das elektrische Rotkäppchen 123

Die sieben Raben 127

Vom Schreiner und Drechsler   131
Das Rumpelstühlchen   134
Hansens Trine   142
Der Däumling   145
Der junge Riese   153
Die Sterntaler   158
Herr Korbes   161
Die Bremer Stadtmusikanten   165
Der Fundevogel   174
Prinzessin Mäusehaut   177
Blaubart   180
Kegel- und Kartenspiel   185
Der süße Brei   191
Der faule Heinz   197
Fix und Fertig der Soldat   201
Rapunzeln   207
Die schöne Kathrine und Piff Paff der Polterie   212
König Drosselbart   216
Das Wasser des Lebens   221
Das Hirtenbübchen   225
Die drei Raben   228
Das Eselein   233
Der Riese und der Schneider   236
Von einem treuen Sperling   239
Jorinde und Joringel   243
Des Teufels drei goldene Haare   247
Der Tod und der Gänsehirt   251

Die Bienenkönigin

Es war einmal ein Mann, der hatte drei Söhne. Zwei davon waren so schlau, wie jeder Mensch schlau ist, also nicht allzu viel, eher zu wenig. Aber den einen, es war wohl der jüngste, hielten sie für dumm. Sie klopften ihm gern von vorn auf den Kopf und nannten ihn einen »Dummkopf«.

Er sagte nichts dagegen, lachte nur, denn was konnte er tun? Sie waren stärker als er, waren sie doch auch älter. Zudem liebte er den Frieden.

In der Schule hatte er mehr schlechte als gute Zensuren, was daher kam, daß auch der Lehrer ihn für einen Dummkopf hielt. Er hieß – sagen wir – Frieder.

Er pfiff mit den Vögeln, ließ die Schmetterlinge in Frieden, kannte alle Katzen und Hunde in der Umgebung und teilte mit ihnen sein Frühstücksbrot. Und fiel dem Vater eine Biene ins Bier, rettete er ihr das Leben. Eines Tages werden die Bienen es ihm lohnen, und wenn nicht – was macht's!

»So dumm müßte man sein«, lachten die Brüder, »daß man einer Stechbiene das Leben rettet. Ha!«

Als die drei in das Alter kamen, wo sich der Mensch in der Welt ausbreiten möchte, heiraten, Kinder kriegen, gingen die beiden auf jedes Tanzvergnügen, saßen in Kneipen herum, um eine Frau zu finden.

Jeder eine, so wie er sie brauchte.

Nur der Frieder nicht.

»Die Zeit wird's verlohnen«, sagte er, ging im Wald und auf den Wiesen herum, belauschte die Vögel, saß stundenlang unter einem Baum, und wenn die Brüder ihn sahen, lachten sie und riefen: »Dieser Dummkopf ist auch noch zu dumm, um eine Frau zu finden.«

Frieder aber konnte so einen Tag um den anderen verbringen.

Es dauerte aber nicht lange, da fanden die beiden älteren Brüder jeder eine Braut. So fand der erste eine, welche die Tochter eines Leberwurstfabrikanten war. Das war ihm grad recht, denn eine Fabrik wollte er gern haben. Zudem aß er Leberwurst auch nicht gerade ungern. Er überlegte also nicht lange, hielt um ihre Hand an, und weil er ein wenig von der Buchführung verstand, war der Leberwurstfabrikant gern einverstanden. Das Mädchen nicht minder, denn sie hatte noch nicht viel über die Ehe nachgedacht.

Doch nach zwei Jahren zeigte es sich, daß ihr Mann von der Buchführung zu wenig wußte, obendrein soff. Sie war eine Streithenne, und so paßten sie zusammen wie Feuer und Wasser, das Leben war eine Höllenqual. Das aber paßte dem Fabrikanten nicht so recht, und er verkaufte die Wurstfabrik, nahm sich eine junge Frau und zog mit ihr und dem Geld an die Costa Brava in einen Bungalow. Den beiden überließ er ein paar Dosen Leberwurst, das war alles.

Der zweite lernte bei einem Tanzvergnügen die Tochter des Autohändlers »Wrtwra-Auto-Import-Export« kennen. Und weil er sagte, er wüßte einiges über den Export, kenne sich auch in der Steuerhinterziehung gut aus, stimmte Herr Wrtwra freudig zu.

»Umsatzbeteiligung ab sofort und später den ganzen Laden«, verlangte der junge Mensch. Nur zeigte es sich bald, daß er über den Export rein gar nichts wußte und in der Steuerhinterziehung ein Anfänger war, und so landete er zusammen mit Herrn Wrtwra im Gefängnis. Zwölf Jahre ohne Bewährung. Die Frau aber nahm sich einen, der nichts über Steuerhinterziehung und Export wußte, dafür aber nicht dumm war, und sie verkauften den Laden. Danach verlor man von ihnen jede Spur.

Der dritte aber saß unter einem Lindenbaum, als ein Mädchen

vorbeikam. Sie war so schön, wie ein Mensch gar nicht schön sein kann. Wer sie sei, fragte er.

»Die Bienenkönigin«, antwortete sie.

Was wohl die Wahrheit war. Denn ein Mensch, ein Mensch konnte *so* schön nicht sein. Und die Bienen waren dem Jungen ja auch noch einiges schuldig.

So wurden sie Mann und Frau und lebten zusammen so glücklich, wie es das bei Menschen gar nicht gibt.

Hans im Glück

Es war einmal so ein glücklicher Hansl, der lachte sein Leben lang und freute sich, was immer ihm auch geschah. Schon bald, nachdem er geboren war, fiel er aus dem Bett. Doch seine Mutter lachte und sprach: »Was für ein Glück, mein lieber Hansl, denn das Bett hätte so hoch sein können wie der Schrank. Dann wärest du viel tiefer gefallen und hättest dir die Hand gebrochen. Ach, was bist du doch für ein glücklicher Hansl!«

Und das merkte sich der Hansl sein Leben lang. Mutters Wort vergißt man nicht.

Als er größer war, konnte es geschehen, daß ihm jemand einen Stein an den Kopf warf. Dann war er froh, daß der Stein nicht größer war. Immer war der Hansl lustig, pfiff ein Lied, freute sich, daß die Sonne schien, aber auch, weil es regnete, und auch, wenn es schneite.

Als er alt genug war, von zu Hause wegzugehen und sich eine Arbeit zu suchen, war er kaum aus der Tür hinaus, da überfuhr ihn ein Motorrad: Bein gebrochen, Hose zerrissen, Krankenhaus. Da freute sich der Hansl und sagte: »Wie gut, daß meine Sonntagshose im Koffer war, sonst wäre sie auch zerrissen worden. Aber meine alte Hose war sowieso schon alt.«

Das Bein heilte. Er ging wieder los und fand einen Meister, bei dem er sieben Jahre arbeitete.

Einmal geschah es, daß er bei großer Kälte Bäume im Wald fällen mußte. In der Frühstückspause schlief er ein und erfror beinahe. Der Förster fand ihn, und der Hansl war schon halb tot. Aber wie freute sich der Hansl. Er sagte: »Wie gut, daß Sie mich geweckt haben, ich hätte ja erfrieren können bei dieser Kälte.«

Als die sieben Jahre um waren, sagte der Meister: »Wie die Arbeit, so der Lohn. Ich war immer *ganz* mit dir zufrieden,

also gebe ich dir eine *Gans*.« Gab ihm für sieben Jahre also eine Gans.

Wie freute sich da der Hansl und dachte: »Eine Gans ist ja wunderbar! Die tausche ich gegen ein kleines Schwein und lasse es wachsen. Das tausche ich gegen ein Kalb und lasse es wachsen. Die Kuh tausche ich gegen ein kleines Pferd, und das lasse ich wachsen. Das Pferd wird ein Rennpferd, und ich tausche es gegen einen Klumpen Gold, und ich bin reich. Oder ich esse die Gans auf, denn Gänsebraten ist meine Leibspeise. Obendrein lasse ich mir die Hosentasche mit Gänsefedern füttern, das wärmt im Winter. Da kann ich mich wirklich freuen.«

Er machte sich auf den Weg nach Hause zu seiner Mutter. Unterwegs hörte er die Vögel pfeifen, die Sonne schien, da setzte er sich unter einen Baum, und die Gans lief ihm weg.

Er lief ihr ein kleines Stück nach, ging dann wieder zurück an seinen Baum und dachte: »Was ist schon eine Gans? Wär's ein Pferd gewesen! Freuen kann ich mich, daß es kein Pferd war, sonst hätte ich mich geärgert.« Er freute sich und schlief noch ein Stündchen, dann ging er weiter.

Zu Hause war es schön, und seiner Mutter ging es gut. Da freute sich der Hansl, setzte sich in den Garten, ruhte sich aus, aber nach drei Tagen kam Krieg, und er mußte zu den Soldaten. »Wie gut, Mutter«, sagte er, »daß der Krieg nicht schon vor drei Tagen anfing. Da hätte ich gar nicht so lange dableiben können.«

Und dann schossen sie ihm im Krieg ein Bein weg. Aber eines blieb ihm noch. Zwei Beine weg ist schlimmer! Dann hätte er nicht mehr laufen können. Da war der Hansl aber froh darüber. Und als der Krieg verloren war, sagte er: »Freuen können wir uns, Mutter, daß wir nicht gewonnen haben. Dann hätte unser König sich stark gefühlt und hätte bald wieder einen neuen Krieg angefangen.«

Dann wollte der Hansl heiraten und bekam so eine fröhliche, aber nicht sehr fleißige Liesl zur Frau. Am liebsten lag sie auf dem

Sofa und ließ den Hansl das Essen kochen, die Stube fegen und die Wäsche waschen. Doch sang sie den ganzen Tag und war fröhlich, und weil sie auch noch schön sang, war der Hansl des sehr zufrieden. Er sagte: »Was für ein Glück für mich, so eine lustige Frau zu haben. Um wieviel schlimmer wäre es gewesen, hätte ich einen Ziegenbock in der Stube. Er würde die Möbel beschädigen, wäre zu nichts nütze, und obendrein könnte er nicht singen. Was für ein glücklicher Hansl ich doch bin.«

Aber dann ging die Liesl leider davon.

Da war ein schöner Mann, der mit Strumpfbändern handelte und Kämme verkaufte. Der aber zwei Beine hatte und nicht nur eines wie der Hansl. Und fünf Jahre jünger war. Und ihr drei bunte Kämme geschenkt hatte. Der nahm sie mit nach Italien, seiner Heimat.

Wohl weinte der Hansl einen Tag, aber dann sagte er: »Nicht schlimm, denn jetzt brauche ich nur noch für einen zu kochen. Die Stube lasse ich ungefegt, und keiner kann mich mehr verlassen. Ich kaufe mir einen Vogel, der singt auch.«

Was er auch tat.

Freilich flog ihm auch der Vogel davon. Nicht schlimm, denn jetzt hörte der Hansl den Vögeln im Garten zu, das war genauso schön.

Das Leben ging vorbei, der Hansl war immer glücklich, was ihm auch geschah. Dann kam die Zeit zu sterben. Er sagte: »Schön war das Leben gewesen. Ich habe lange gelebt und immer Glück gehabt. Es hat nicht allzuviel geregnet, im ganzen gerechnet, das Gemüse, das ich brauchte, wuchs im Garten. Und mir war noch ein Bein übriggeblieben. Ach, was für ein glückliches Leben!«

Das dachte er, und so war er gewesen. Der Hansl. Und keiner konnt's ihm nehmen.

Die goldene Gans

Es waren einmal drei Brüder. Zwei von ihnen standen bei den Leuten in gutem Ansehen, denn sie machten viel von sich her. Redeten viel herum, gingen auf jede Hochzeit tanzen, protzten mit allem möglichen, und als sie alt genug waren, fanden sie ohne Mühe jeder ein Mädchen zum Heiraten.

Anders war das aber mit dem dritten. Er redete eher zu wenig als zu viel, ging immer langsam und fröhlich vor sich hin, ließ die Sonne auf sich scheinen und die Spatzen pfeifen, und sie nannten ihn »Dummling«. Ging er auf ein Tanzvergnügen, wollte kein Mädchen mit ihm tanzen. Wollte er heiraten, lachten ihn die Mädchen aus, und keine nahm ihn.

»Wir müssen in den Wald, Holz schlagen«, sagte einmal der älteste. «Heute gehe ich, morgen gehst du und übermorgen der Dummling. Hoffentlich hackt er sich nicht ins Bein, der Dummkopf, hahaha.«

Er ging also am ersten Tag los, schliff vorher noch seine Axt, packte Wurstbrot und Bier ein. Unterwegs traf er im Wald einen alten Mann.

»Könntest du mir etwas von deinem Brot abgeben?« fragte der Alte. »Ich habe seit einem Tag nichts mehr gegessen.«

»Hab kein Brot bei mir«, sagte der Bursche.

Das war gelogen. Ihm tat es um die Wurst auf dem Brot leid.

An seinem Platz angekommen, fing er an, Holz zu schlagen, und hackte sich ins Bein. Da war er froh, daß der alte Mann nicht weit weg war und Hilfe holen konnte.

Am nächsten Tag ging der zweite Bruder in den Wald. Packte sich Käsebrot und Bier ein und traf im Wald den alten Mann. »Könntest du mir etwas von deinem Brot abgeben?« fragte der. »Ich habe seit zwei Tagen nichts mehr gegessen.«

»Hab kein Brot bei mir«, sagte der Bursche, denn es tat ihm um den Käse leid, und ging weiter. An seinem Platz angekommen, fing er an, Holz zu schlagen, und hackte sich in die Hand. Da war er aber froh, daß der Alte in der Nähe war und ihm half.

Am dritten Tag ging der Dummling los, um Holz zu schlagen. Sie gaben ihm trockenes Brot mit, und zwar möglichst hartes, damit er lange daran zu essen hatte. Dann brauchte er weniger.

Als er in den Wald kam, traf er den Alten.

»Könntest du mir etwas von deinem Brot abgeben?« fragte der alte Mann. »Ich habe seit drei Tagen nichts gegessen.«

Da teilte der Dummling mit ihm sein Brot. Sie setzten sich ins Gras und aßen zusammen.

Wie sie so ins Reden kamen, sagte der alte Mann: »Ich bin schon seit Kindesbeinen hier im Wald. Die meisten Bäume habe ich wachsen sehen, und ich kenne fast jeden. Mußt du Holz schlagen? Ich zeig dir einen Baum, den mußt du nehmen.«

Und als der Dummling den Baum umschlug, fand er in der Wurzel eine goldene Gans. Der Dummling nahm die Gans mit nach Haus.

Unterwegs ging er noch ins Wirtshaus, denn er wollte etwas essen und trinken. Er setzte sich an einen Tisch, hielt die Gans unter dem Arm.

Kaum hatte die Tochter des Wirts das Gold gesehen, wie es so glitzerte und blendete, da kam sie sofort zu dem Dummling, setzte sich neben ihn und redete sehr freundlich. »Wo hast du die Gans her? Ist sie aus reinem Gold? Was wiegt sie wohl, und wieviel ist sie wert? Ach, geh, du kennst mich doch, wir waren schon immer gut miteinander!«

Sie war ein schönes Mädchen, hatte aber früher besonders laut über den Dummling gelacht, als er die Gans noch nicht hatte.

Aber kaum hatte sie versucht, die Gans zu berühren, da hing sie fest und konnte nicht mehr los. Da überlegte sie sich: »Na gut!

Komm ich nicht los, muß er mich behalten. Behält er mich, ist's gut für mich; denn so viel Gold ist ein Vermögen wert. Dann bin ich eine reiche Frau.«

Kaum hatte die Magd des Gastwirts gesehen, daß die Tochter neben dem Dummling saß, da kam sie auch an, denn sie dachte: »Ohne Grund wird sie nicht bei ihm sitzen.«

Sie sah die goldene Gans und setzte sich auch neben den Dummling, als hätte sie früher nie über ihn gelacht. Kaum aber hatte sie die Gans berührt, hing sie auch fest und konnte nicht mehr los. Aber auch sie dachte, dann müsse der Dummling eben beide Mädchen behalten. Die Gans würde auch für drei reichen.

Indessen hatten die Gäste gesehen, daß sich die Mädchen zu dem Dummling gesetzt hatten. Und als sie hinausgingen in die Stadt, erzählten sie, der Dummling hätte Gold in Hülle und Fülle, und die Mädchen rissen sich nur so um ihn.

Es dauerte gar nicht lange, da kamen andere Mädchen, die dachten: »Nimmt er die nicht, nimmt er mich. Mir täte das gut passen, so schön reich zu werden.«

Sie kamen ins Wirtshaus, setzten sich zu dem Dummling. Aber kaum hatten sie die goldene Gans berührt oder nur eines der Mädchen, die schon an der Gans klebten, da hingen auch sie fest und konnten nicht mehr los. Bald war das ganze Gastzimmer voll Mädchen und dann die ganze Straße. Und als zwei Straßen voller Mädchen waren, ging das Gerücht durch die benachbarten Dörfer und Städte. Dort wäre einer, der habe so viel Gold, daß er alle, alle Mädchen der Welt reich machen könne, und da kamen sie von überall her. Bald wußte niemand mehr etwas Genaues, nur daß da einer wäre, der Gold in Hülle und Fülle besäße, vielleicht könne man ihn gar heiraten. Die hinten waren und zuletzt kamen, wußten längst nicht mehr, worum es ging. Sie wußten nur, daß es sich um Gold handelte, hängten sich an und klebten fest.

Er aber, der Dummling, hatte die Gans mit allen, die daran klebten, losgelassen und hatte sich entfernt, ohne daß es jemand merkte oder wahrnahm, denn wer sich ans Gold hängt, wie soll der noch sehen, was um ihn herum geschieht?

Man weiß nicht, was mit der goldenen Gans geschah, möglicherweise zog sie alle, die an ihr klebten, irgendwohin in die Ferne. Kann auch sein in die Tiefe.

Von dem Dummling weiß man, daß er noch ein fröhliches und freies Leben führte, bis er verstarb, denn so dumm war er wohl doch nicht gewesen.

Nur das Gasthaus heißt heute noch GASTHAUS ZUR GOLDENEN GANS. Und wer nicht wußte, weshalb, der weiß es nun und kann es weitererzählen.

Des Schneiders Daumerling Wanderschaft

Ein Schneider hatte einen Sohn, der war klein geraten und nicht größer als ein Daumen. Darum hieß er des Schneiders »Daumerling«.

»Ein kleiner ist besser als keiner«, sagte immer des Schneiders Frau, und der Schneider wäre ja auch zufrieden gewesen, aber der Junge aß jeden Tag zwei ganze Brote und eine Dose Leberwurst von achthundert Gramm, und ein Schneider ist kein reicher Mann.

Weil der Daumerling gern etwas wagte, sagte er eines Tages:

> »La Schatte, die Katz',
> le Kokke, der Hahn,
> ich will euch mal zeigen,
> was der Daumerling kann.«

Er bat seinen Vater, auf Wanderschaft gehen zu dürfen, und der Vater ließ ihn gehen.

Zuerst kam des Schneiders Daumerling zu einem Schneider. Und weil er nicht viel verlangte, nur Kost und Verpflegung und einen Pfennig zum Lohn, nahm der Schneidermeister ihn in die Lehre, denn er dachte: »Und wenn er bloß Stecknadeln einsammelt und die Nadelöhren putzt, einen Pfennig ist er mir immer wert. Und was wird so ein Daumerling schon viel essen? Ein paar Krümel.«

> »La Schatte, die Katz',
> le Kokke, der Hahn,
> ich will euch mal zeigen,
> was der Daumerling kann.«

Und bald wurde er ein flinker Schneiderlehrling, der die feinsten Stiche fertigbrachte und mit der Nadel umging wie ein Fechtmeister mit dem Degen. Nur als er jeden Tag zwei ganze Brote aß und eine Dose Leberwurst von achthundert Gramm, wurde es dem Meister zuviel. Er gab ihm immer weniger zu essen.

Da lief des Schneiders Daumerling ihm davon und kam zu einem Schlosser in die Lehre. Er verlangte nicht mehr als Kost und Verpflegung und einen Pfennig zum Lohn, denn mehr konnte des Schneiders Daumerling sowieso nicht tragen.

Der Schlossermeister dachte: »Und wenn er mir bloß die Schlösser ölt, einen Pfennig ist mir das immer wert. Und was wird so ein Daumerling schon essen? Die Krümel vom Brot, wenn's viel ist.«

> »La Schatte, die Katz',
> le Kokke, der Hahn,
> ich will euch mal zeigen,
> was der Daumerling kann«,

sagte des Schneiders Daumerling, und er wurde bald der geschickteste Schlosserlehrling, den der Meister je hatte. Er konnte in die kompliziertesten Schlösser kriechen, konnte den Dreck aus den kleinsten Ecken pulen und die feinsten Schloßsicherungen einpassen. Er war eine Kanone! Nur daß er jeden Tag zwei ganze Brote und eine Dose Leberwurst von achthundert Gramm essen mußte, das gefiel dem Meister nicht, und da der Daumerling jetzt bald siebzehn Jahre alt war und die Stimme etwas tiefer wurde, weil es ihn im Hals kratzte, wollte er auch dann und wann einen Schnaps haben. Der Meister gab ihm jetzt immer weniger zu essen.

Da lief ihm der Daumerling davon und kam zum Elektriker Fink in die Lehre. Er verlangte als Lohn nicht mehr als Kost und

Verpflegung und einen Pfennig. »Dann und wann ein Schnäpschen als Gefahrenzulage.«

Das schien dem Meister nicht viel. »Denn wenn er auch bloß die Kontakte poliert, einen Pfennig soll mir das immer wert sein. Und was wird so ein Daumerling schon viel essen?« dachte er. »Von der Wurst wohl die Pelle und zwei Krümel vom Brot.«

Also stellte er ihn ein. Bald zeigte es sich, daß der Daumerling der beste Elektrolehrling wurde, den der Meister je hatte. Keiner konnte die Kontakte so fein zusammenlöten wie er. Und er konnte in die kleinsten Apparate kriechen und von den Widerständen die kleinsten Zahlen ablesen. Nur daß er jeden Tag zwei ganze Brote aß und obendrein noch dann und wann einen Schnaps trank, das wurde dem Meister zuviel, und schließlich gab er ihm immer weniger zu essen.

Da lief ihm der Daumerling davon und traf zwei Bankräuber. Die wollten eine Bank ausrauben, und zwar des Nachts.

»Du, der kleine Lümmel kann uns viel nützen«, sagte der eine.

»Aber wie? Wir brauchen einen Elektriker und keinen Daumerling. Verstehst du, einen, der die Alarmanlage außer Gefecht setzt, Kamerad Kleinkaliber.«

»Das ist wohl wahr, Genosse Lockenkopp«, sagte Kleinkaliber, »einen Elektriker.«

»Bin ich«, sagte der Daumerling. »Hab ich doch gelernt. Ich bin gelernter Elektriker.«

»Aber wir brauchen auch einen Schlosser«, sagte der Kamerad Kleinkaliber. »Denn im Keller ist der verdammte Tresor. Wir könnten ihn aufschweißen, aber das ist viel Arbeit, Kamerad Hosenknopf.«

Damit meinte er den Daumerling.

»Bin ich«, sagte der Daumerling, »bin gelernter Schlosser, hab ich ehrlich gelernt.«

»Und was verlangst du?« fragte der erste Bankräuber.

»Kost und Verpflegung und einen Pfennig als Lohn«, sagte des Schneiders Daumerling. »Und zwei Schnäpschen als Gefahrenzulage«, denn inzwischen war er neunzehn und trank etwas mehr, weil es ihn im Hals ein bißchen mehr kratzte.

Zwei, drei Tage versorgten ihn die beiden Banditen gut mit Brot und Leberwurst. Dann und wann zahlten sie auch ein Schnäpschen für ihn, aber auf die Dauer wurde ihnen das zu kostspielig, und sie drängten.

>»Also gut«, sagte der Daumerling.
>»La Schatte, die Katz',
>le Kokke, der Hahn,
>ich will euch mal zeigen,
>was der Daumerling kann.«

Und weil er gern etwas wagte, ging er am hellen, lichten Tage in die Bank. Und da dort immer viele Leute ein und aus gingen, fiel er nicht auf, denn manchmal haben die kleinsten Leute das meiste Geld, und so hielt man ihn für einen Bankkunden.

Er stellte sich hinter den Vorhang – und Stichstich! hatte er sich mit seiner flinken Nähnadel eingenäht.

Um vier Uhr dreißig war Feierabend. Um fünf Uhr verließ der letzte Kassierer die Bank. Um fünf Uhr fünf hatte sich der Daumerling aus dem Vorhang herausgetrennt. Bis zwölf Uhr siebzehn legte er sich aufs Ohr; denn das war die Zeit, wo die beiden Banditen an der hinteren Tür warten wollten.

Er stieg ins Schlüsselloch und schloß die Türe auf. Von dort lief er zur Alarmanlage und klemmte sie ab. Dann trugen die Räuber ihn in den Keller, und dort aß er erst zwei ganze Brote und eine Dose Leberwurst von achthundert Gramm; denn diese standen ihm jeweils ab Mitternacht zu. Dann trank er zwei Schnäpschen

und eines noch obendrauf. »Denn Gefahr macht eine kalte Brust«, sagte er und stieg in das komplizierte Schloß des Tresors und sang ziemlich laut:

»La Schatte, die Katz',
le Kokke, der Hahn,
ich will euch mal zeigen,
was der Daumerling kann!«

Er trank noch einen Schnaps und schloß innen im Schloß des Tresors das Schloß auf. Während er dort bastelte, tranken die beiden Bankräuber Kleinkaliber und Lockenkopp auch jeder einen Schnaps und dann noch einen, und dann fingen sie leise an mitzusingen:

»La Schatte, die Katz',
le Kokke, der Hahn,
wir werden euch zeigen,
was der Daumerling kann,
fiderallala…«

Als der Tresor aufgeschlossen war, gingen sie hinein und trugen acht Säcke Geld heraus. Sie gossen sich jeder noch zwei Schnäpse in den Bauch, und als sie aus der Bank gingen, erwischte sie die Polizei; denn sie sangen zu laut.

Sie kamen ins Gefängnis, und ihr Name stand in allen Zeitungen:

»Der Bankräuber Kleinkaliber und sein Komplize Lockenkopp, zwei langgesuchte Ganoven, und des Schneiders Daumerling… und so weiter… wurden gefaßt…«

Das aber las des Daumerlings Vater, der Schneider, der seinen Sohn schon überall gesucht hatte. Sofort nahm er den schlauesten

Fuchs von Anwalt. Kleinkaliber und Lockenkopp wurden für viele Jahre in den Knast gesteckt, des Schneiders Daumerling wurde dank des schlauen Anwalts freigesprochen. Der Schneider aber mußte seine Gänse und sein bißchen Hab und Gut verkaufen, um den Rechtsanwalt zu bezahlen.

»Ist doch besser«, sagte der Anwalt, »in Armut mit seinem verlorenen Sohn zusammenzuwohnen als umgekehrt.«

Und das hat ihm wohl der Schneider geglaubt. Oder nicht.

Das singende, springende Löweneckerchen

Es war einmal ein Mann, der hatte drei Töchter: die älteste, die mittlere und die jüngste. Die jüngste war unleidlich, launisch und eigensinnig. Der Mann jedoch mochte die jüngste am liebsten. Einmal ging er auf Reisen und fragte seine drei Töchter, was er ihnen mitbringen solle.

»Ich möchte einen Pelzmantel aus braungrauem Affenfell mit schwarzem Ledergurt«, sagte die älteste. »Und bitte noch ein Zigeunerkleid und passenden Schmuck dazu aus Silbermünzen mit kleinen Glocken daran.«

»Und ich möchte bitte ein Paar Stiefel aus weichem Leder bis über die Knie und ein Paar schwarze Schuhe und ein Paar rötliche Schuhe mit Silberschnallen, alle mit halbhohen, modernen Absätzen.«

»Ich will ein singendes, springendes Löweneckerchen«, sagte die jüngste Tochter.

Der Mann war sehr reich und konnte alles kaufen, was es gab, aber ein singendes, springendes Löweneckerchen kannte er nicht. Doch mochte er seine jüngste Tochter am liebsten und fragte: »Was ist das, mein Kind?«

»Such es doch!« sagte die Tochter, und so verbrachte der Mann die Reise fast nur damit, ein singendes, springendes Löweneckerchen zu suchen.

Er fragte überall, aber niemand kannte ein singendes, springendes Löweneckerchen. Er ging zu den Zirkusleuten. Ging zu der Zeitung. Fragte an der Universität. Fragte beim Fernsehen und im Zoo. Aber keiner kannte ein singendes, springendes Löweneckerchen. Er kaufte sich Bücher, schlief kaum noch bei Nacht und las im Hotel die Bücher durch. Denn seine jüngste Tochter mochte er am liebsten.

Und so fuhr er ein halbes Jahr länger herum, als er eigentlich wollte, bis er in eine kleine Stadt kam. Dort traf er einen Mann, der sagte, er wüßte, wo man so ein singendes, springendes Löweneckerchen bekäme. Er könne es bis übermorgen beschaffen.

»Allerdings wird es teuer sein«, sagte er. »Selbst wenn ich dafür nur fünf Tausender nehme, ist es noch halb geschenkt.«

Der reiche Mann war froh, endlich das singende, springende Löweneckerchen gefunden zu haben, und wollte auch jeden Preis dafür bezahlen, denn seine jüngste Tochter mochte er doch am liebsten.

Der Mann in der kleinen Stadt brachte ihm nach zwei Tagen einen Vogel in einem Käfig.

»Singen tut er, springen tut er, also wird er auch ein Löweneckerchen sein«, dachte der reiche Mann. Er zahlte, nahm den Käfig und fuhr auf dem kürzesten Weg wieder nach Hause.

Er brachte der ältesten Tochter den Affenpelz, das Zigeunerkleid und den Schmuck. Der mittleren Tochter all die Schuhe, die sie gewollt hatte, der jüngsten aber gab er das singende, springende Löweneckerchen.

Ausgelacht hat sie ihn: »Haha, das nennst du ein singendes, springendes Löweneckerchen? Ein Vogel ist das, ein einfacher, gewöhnlicher Kanarienvogel, dreißig Mark das Stück in der Vogelhandlung. Ich will ihn nicht, ich will ein singendes, springendes Löweneckerchen, sonst nichts.«

Und in der Tat war der Mann einem Schwindler auf den Leim gegangen, der ihm einen gewöhnlichen Kanari aufgeschwatzt hatte. Da fing die jüngste Tochter laut an zu heulen. Ja, sie legte sich ins Bett und aß so lange nichts mehr, bis sie krank wurde. Und als sie dann gar noch sterben wollte, wenn der Vater ihr kein singendes, springendes Löweneckerchen besorgen wolle, packte der Mann wieder seine Sachen und fuhr abermals los, das singende, springende Löweneckerchen zu suchen.

30

Dieses Mal ging er zu anderen Zeitungen, fuhr in fremde Länder, bestieg Berge und fuhr mit dem Schiff über den Atlantik; denn er wollte nicht ohne ein singendes, springendes Löweneckerchen nach Hause kommen, weil er doch seine jüngste Tochter am liebsten mochte.

Und dann kam er in eine kleine Stadt, dort sagte ihm ein Mann, er könne ein singendes, springendes Löweneckerchen besorgen, nur brauche er eine Woche Zeit.

»Meinetwegen ein Jahr, nur bringen Sie's mir, es ist für meine jüngste Tochter!«

»Aber es wird nicht wenig kosten. Selbst wenn ich achttausend dafür nehme, ist das noch halb geschenkt.«

Und nach einer Woche brachte der Mann einen kleinen Hund. »Er singt nicht«, dachte der Vater, »aber er springt. Also ist es erstens kein Vogel, dann muß es zweitens wohl ein Löweneckerchen sein.« Er bezahlte acht Tausender und fuhr auf dem kürzesten Weg wieder nach Hause.

Und wieder fing die jüngste Tochter an zu heulen, nur viel lauter als beim erstenmal. »Waaas, das nennst du ein singendes, springendes Löweneckerchen? Soll ich dir sagen, was das ist? Ein Hund. Jawohl, ein Hund. Ich will keinen Hund, den kannst du dir an den Hut stecken. Ich will ein singendes, springendes Löweneckerchen, sonst nichts.«

Sie legte sich sofort wieder ins Bett und war krank.

Diesmal blieb der Vater nur eine Nacht zu Hause, um sich etwas auszuruhen, fuhr am nächsten Tag in der Frühe gleich wieder los, um das singende, springende Löweneckerchen zu suchen; denn seine jüngste Tochter mochte er wohl am liebsten. Er flog mit dem Flugzeug um die halbe Welt. Stieg auf Berge. Tauchte ins Meer. Fragte alle Professoren in Amerika und Rußland, aber keiner kannte ein singendes, springendes Löweneckerchen. Zwölf Jahre war der Vater schon unterwegs, und seine Haare wa-

32

ren weiß geworden. Er war alt und mager, die Hosen schlotterten ihm um die Knie, und die Jacke rutschte ihm fast von der Schulter. Da traf er einen alten Jäger, der schon alle Tiere der Welt gejagt hatte.

Der Jäger sagte: »Klar! Da müssen Sie nach Afrika, Mann, den Löwen auflauern. Ist doch ganz logisch, das hören Sie doch schon am Namen: Lö-wen-eckerchen. Nicht!«

Also fuhr der alte Vater nach Afrika. Sein halbes Vermögen hatte er schon auf den Reisen ausgegeben, denn seine jüngste Tochter mochte er doch am liebsten.

Ohne Furcht ging er an den größten und stärksten Löwen ran, fragte ihn nach einem singenden, springenden Löweneckerchen.

»Freilich«, sagte der Löwe. »Freilich können Sie das bekommen. Nur brauche ich dafür erst einmal etwas, was singt. Je schöner es singt, um so besser funktioniert der Zauber. Bringen Sie mir etwas, was singt.«

Da fing ihm der alte Vater eine Nachtigall, die sang wohl am schönsten, und brachte sie dem Löwen. Der fraß sie auf und sagte: »Hat geschmeckt. Jetzt brauch ich noch etwas, was springt. Und je besser es springt, um so besser wirkt der Zauber, klar?«

Also fing ihm der Vater einen Hasen.

Der Löwe fraß den Hasen auf und sagte: »Hat geschmeckt. Und jetzt hat der Zauber gewirkt, und ich zeige Ihnen das kleine singende, springende Löweneckerchen, kommen Sie doch mal her!«

Und dann fraß er den armen reichen Mann auf.

Als der Vater so lange nicht wiederkam, die jüngste Tochter aber schon größer war und erwachsen, kamen viele Freier, die drei Schwestern zu heiraten. Die meisten von ihnen wollten aber nur die jüngste haben.

Zum ersten Freier, der kam, sagte die jüngste Tochter: »Kannst

33

mich kriegen, aber zuerst bring mir ein singendes, springendes Löweneckerchen, sonst will ich nichts.«

Da zog der junge Mann fort, fragte überall herum. Studierte in Büchern, ging in den Zirkus, fragte den Zoodirektor von Frankfurt, aber niemand kannte ein singendes, springendes Löweneckerchen. Bis er in das erste Dorf kam, wo der Mann ihm einen Kanari für teures Geld verkaufte.

»Ha, daß ich nicht lache«, sagte das Mädchen, als er damit ankam. »Ein Vogel ist das, ein gewöhnlicher Vogel, den kannst du deiner Oma zu Ostern schenken. Ich will ein singendes, springendes Löweneckerchen, sonst nichts.«

Und wieder zog der junge Mann los; denn er mochte das Mädchen am liebsten von allen Mädchen, und er kam auch in die zweite kleine Stadt, wo der Mann ihm den Hund verkaufte. Es ging ihm, wie seinerzeit dem Vater, und er ging wieder los, traf den Jäger, der ihn nach Afrika schickte. Auch er fing für den Löwen eine Nachtigall und einen Hasen und wurde obendrein mitsamt den beiden Tieren vom Löwen verspeist.

Und ein zweiter junger Mann freite um das Mädchen, auch ein dritter und vierter, und allen erging es gleich. Sie suchten das singende, springende Löweneckerchen und wurden von dem Löwen gefressen.

Als nun der Vater und insgesamt schon acht junge Männer wegen dem singenden, springenden Löweneckerchen tot waren, kam ein letzter Freier. »Ich will dir das singende, springende Löweneckerchen wohl bringen«, sagte er, ging weg und kam nach drei Tagen und drei Nächten wieder. Er legte eine kleine eiserne Dose auf den Tisch und sagte: »Da.«

Das Mädchen wollte die Dose öffnen, der Jüngling sagte: »Halt! Zuerst muß ich mich in Sicherheit bringen. Dann muß ich die Tür von außen mit Eisen verrammeln und die Fenster vernageln und die Feuerwehr und die Polizei alarmieren. Die Häuser in der Umgebung müssen geräumt werden, und dann kannst du die Dose gerne öffnen.«

Das Mädchen erschrak, zog schnell die Hand weg und sagte: »Morgen machen wir's auf, ja!«

Aber sie machte es nie auf.

Den jungen Mann jedoch mußte sie nun heiraten. Freilich wurde die Ehe nicht so sehr schön, aber immer wenn das Mädchen wieder eigensinnig und launisch war, holte der Mann die eiserne Dose, legte sie auf den Tisch und tat so, als wolle er sie öffnen, und das Mädchen wurde sofort friedlich wie ein junges Schaf.

So ging es ein Jahr um das andere Jahr gut. Als sie beide gestorben waren und unter der Erde lagen, wußte niemand mehr etwas von dem singenden, springenden Löweneckerchen. Ein kleiner Junge, wohl der Urenkel der beiden, machte einmal die kleine eiserne Dose auf.

Was da drin war? Ganz einfach nichts.

Der Fuchs und die Gänse

Einmal sah der Fuchs auf einer Wiese sechs schöne fette Gänslein, und ihn überkam ein großer Appetit. Er lief dorthin und rief: »Ich werde uns einen guten Tag machen, ihr, und werde euch verspeisen. Eine nach der anderen ohne Knödel und Kraut. Ist euch das recht?«

O nein, keineswegs war es ihnen recht, und sie fingen an zu jammern, und eine von ihnen, denn Gänse sind ja nicht dumm, sagte: »An uns, Herr Fuchs, werden Sie keine rechte Freude haben. Denn wir sind nur Haut und Knochen. Viel Federn rundherum, aber drunter nix.«

»Jajagackgack«, riefen die anderen Gänse, »jagack. Drunter nix.«

»Ha!« feixte der Fuchs. »Was für ein Zufall, denn Drunternix ist meine Leibspeise. Nun legt euch zurecht, die mit am meisten Drunternix als erste.«

Da schnatterten die, welche wir schon kennen: »Aber beten, Mussiöh, beten werden wir doch noch dürfen, bevor wir sterben. Denn ein wenig Recht auf eine kleine Gnade hat auch das ärmste Schwein. Gans, wollte ich sagen. Die Gänselitanei einmal durchbeten, das können Sie uns zugestehen.«

»Nun gut«, knurrte der Fuchs, »aber beeilt euch.«

Die Gänselitanei aber dauert halb so lange wie das chinesische Vaterunser, das sind genau drei Tage. Bis da, dachte die schlaue Gans, wird wohl ein Jäger des Wegs kommen und ihm den Garaus machen. Dann fingen sie an zu schnattern, freilich bedeutete das nichts, was sie schnatterten, war nur Lärm, und das ziemlich laut, denn vielleicht hört uns der Bauer, dachte die kluge Gans. Er hörte sie aber nicht. War in die Stadt gefahren, Reifen wechseln an seinem Auto.

Als das dem Fuchs zu lange dauerte, nahm er so beiläufig eines der Gänslein beim Hals und tanzte mit ihm zu dem Gesang der Litanei. Ein, zwei Runden links herum, eine rechts, und schwupp! war die Gans nicht mehr da. Gefressen, klar!

Er wischte sich den Bart und schlich um die zweite herum, beguckte sie, streckte die Pfote aus. Nahm sie an die Brust und drehte ein Tänzchen. Schwupp! war sie weg.

Den anderen erging es nicht anders, bis die letzte noch übrig war, welche wir schon kennen. Jene kluge. Und bevor der Fuchs sie holte, ging sie selbst zu ihm und flüsterte ihm ins Ohr: »Ein kleines Tänzchen, Mussiöh? Wir beide zu zweit, pfeifen auf die Litanei und machen uns lieber einen schönen Tag zusammen. Ja?«

Sie hatte ihn schon gepackt, drückte sich ihm an die Brust. Und der Fuchs, der sich über die vermeintliche Dummheit des Gänschens vergnügte, feixte und tanzte ein wenig mit ihr herum.

»Bei mir zu Haus, Mussiöh. In dem Stall. Da hätte ich noch einen Likör und ein paar Nichten, welche bei mir zu Besuch sind…«

»Nichten?« fragte der Fuchs. »In einem Stall, wo ist der Stall?«

Da zog ihn die schlaue Gans hinter sich her, ging voraus, hielt ihn bei der Pfote und führte ihn zu dem Stall. Dort ließ sie ihm – höflicherweise – den Vortritt durch die Tür. Und kaum war er drinnen, schlug sie die Tür zu.

Riegel vorgeschoben und lauthals losgeschnattert.

Inzwischen war der Bauer mit seinen Autoreifen zurück und hörte das Geschrei. Kam gerannt, und Sense. Aus für den Fuchs. Einen Pelzkragen für seine Frau hat er aus dem Fuchsfell gemacht. Den Kopf ließ er dran als Beigabe.

Das Ditmarsische Fliegenmärchen

Ich will euch was erzählen:
Ich sah zwei gebratene Fliegen fliegen, flogen schnell und kamen langsam voran. In Kolmar am Rhein haben sie auf dem Hühnermarkt eine Bäuerin gekauft und haben sie in einen Hühnerstall gesperrt, der Bauer aber war der Hahn. Er mußte hundertmal am Tage Körner fressen und Eier legen und hatte einen gefiederten Schweif.

Nach drei Tagen, als der Bauer und die Bäuerin mager genug waren, haben sie diese verkauft und haben sich für das Geld hundert Liter Bier gekauft; dieses haben sie dem König ins Hemd geschüttet, da wurde der so leicht, daß er wie ein Luftballon auf und davon geflogen ist, bis er sich in der Wurzel von einem Baum ganz oben verfing.

> »Fliegenfänger, Königsfänger,
> Fliegen haben Doppelgänger,
> schießt der Jäger heut mit Schrot,
> ist der König morgen tot!«

sangen die Fliegen. Zwei Hasen haben auf dem Teich Polka getanzt, und die Haifische haben dazu die Fiedel gegeigt, die Amerikaner sind alle ersoffen. Die Amerikaner sind runde Kuchen, das ist nicht gelogen. Wenn das nicht gelogen ist, ist nichts gelogen, nur die Fliegen sind weggeflogen.

Das Lumpengesindel

Die kleine Henne sagte zum kleinen Hahn: »Steh auf, heute ist ein schöner Tag! Zieh dir deine Stiefel an, wir wollen auf den Markt gehen und uns Nüsse kaufen, bevor sie schon wieder teurer werden!«

»Ist gut«, sagte der kleine Hahn, zog seine Stiefel an mit den Sporen daran, und die kleine Henne zog ihr schönes Kleid an. Dann gingen sie los. Die Straßenbahn hatte schon wieder Verspätung, dann war sie auch noch überfüllt.

»Steigen Sie bitte hinten ein, vorne nur Wochenkarten! Gehen

Sie in die Mitte durch! Lassen Sie doch die anderen Herrschaften auch herein!« rief der Schaffner. Und Hunde mitbringen war verboten! Rauchen war verboten! In den Wagen spucken war verboten! Während der Fahrt abspringen war verboten! Alles war verboten!

»Wenn ein Tag schon so anfängt«, sagte der kleine Hahn, »hab ich gleich schlechte Laune.«

Und er drängte sich zwischen die Leute, mußte stehen. Die kleine Henne stand sogar nur auf einem Bein. Aber der kleine Hahn fing an, unauffällig und raffiniert eine alte Ente mit seinem Schwanz unter dem Flügel zu kitzeln, bis sie es nicht mehr aushalten konnte vor Lachen und bei der Haltestelle Fasanengarten ausstieg.

Ab da konnte er sitzen.

Der Schaffner rief: »Wer ist noch zugestiegen? Bitte, die Fahrkarten!«

Der kleine Hahn aber und die kleine Henne guckten zum Fenster hinaus, als hätten sie nichts gehört, und der Schaffner vergaß zu kassieren.

So ein Lumpengesindel.

Auf dem Markt kauften sie sich zwei Tüten, eine mit Hasel- und eine mit Strohnüssen, und während sich die kleine Henne mit der Marktfrau zankte, klaute der kleine Hahn einen Hut voll Wallnüsse.

So ein Lumpengesindel.

Die Sonne schien schön, und die Luft war gut, die beiden setzten sich unter den Vogelbrunnen, aßen ihre Nüsse und spuckten die Schalen auf die Erde. Der Tag verging ihnen, ehe sie es sich versahen. Und weil dort ein alter Mann saß, der eine Flasche Bier hatte, blieben sie bis zum Abend; denn immer wenn er für eine Weile eingenickt war, soff das Lumpengesindel ihm die Hälfte von seinem Bier weg. So kam es, daß sie ein bißchen betrunken waren, als die Marktfrauen ihre Buden zusammenpackten und nach Hause gingen.

»Weißt du was«, sagte die kleine Henne, »trag mich ein Stück, du bist doch mein Mann!«

»Dumm werd ich sein«, sagte der kleine Hahn. »Ich – dich – tragen! Trag du mich doch, ich bin der Vater und der Herr im Stall.«

Und wie sie sich so herumzankten, hin und her schwankten, kam eine alte Ente, die auf dem Markt Abfallgemüse gesammelt hatte, und sagte, weil sie nicht allein das Taxi zahlen wollte: »Streitet euch da herum, ihr Dummköpfe, und bewegt euch unnötig und werdet davon müde. Schlaft hier ein, holt euch einen Schnupfen, kommt die Polizei, nimmt euch mit, sperrt euch ein wegen öffentlichen Herumstreunens, und ihr zahlt obendrein Strafe und habt außerdem noch die Schande auf den Federn. Schnatt, schnatt. Laßt uns lieber derweil zusammenlegen und eine Taxe nehmen, die kost' nicht mehr als dreidreißig. Ich wohne am Schnittberg 11, wo wohnt denn ihr?«

Die beiden wohnten am Lattenzaun 432, also in derselben Gegend, nur eine Straße mehr nach links.

Just als die drei in die Taxe steigen wollten, kam von der anderen Seite ein Liebespaar, eine Stopfnadel und eine Stecknadel, und wollten in dieselbe Taxe. Jeder versuchte, den anderen vom Trittbrett zu stoßen. Als die kleine Henne der Stopfnadel in den Hintern treten wollte, trat sie daneben, weil die Stopfnadel so mager war. Und an der Stecknadel stach sich die kleine Henne. Da sagte sie: »Wir wollen anständig sein und die beiden mitnehmen, meine ich. Dafür kostet das auch für jeden weniger, weil sie etwas mehr bezahlen müssen. Dafür dürfen sie ja schließlich mit uns fahren, nicht wahr?«

In der Taxe setzten sich die kleine Henne und der kleine Hahn so breitbeinig hin, als wären sie Grafen oder wollten hier Eier

ausbrüten, so daß die arme alte Ente und die arme Stecknadel und auch die arme Stopfnadel beinahe erstickt wären.

So ein Lumpengesindel.

Als sie ein Stück gefahren und am Lattenzaun Nummer 374 schon vorbei waren, packte der kleine Hahn schnell die Stopfnadel und steckte sie von hinten in die Sitzlehne des Schofförs. Die kleine Henne griff sich die Stecknadel und heftete damit den Taxifahrer mit seiner Jacke an den Sitz.

Beim Lattenzaun Nummer 452 sagte der kleine Hahn: »Schnell, halten Sie an, meine Frau muß kotzen.«

Und der Taxifahrer, der wohl um seine Fußmatten fürchtete, hielt schnell an. Die kleine Henne flatterte aus dem Taxi, der kleine Hahn sofort hinterher, und sie flogen über den Lattenzaun und verschwanden im Dunkeln. Der Taxifahrer sprang auf. Da zerriß er sich die Jacke, denn er war mit der Stecknadel festgesteckt.

Er rannte hinter ihnen her, lief noch zwanzig Meter am Zaun entlang, kam aber nicht hinüber und erwischte sie nicht. In seiner Wut sprang er wieder zurück in sein Auto und stach sich an der Stopfnadel in den Hintern.

Da wollte er sich wenigstens die Ente greifen und vielleicht am Sonntag braten, mit Kartoffelklößen und Blaukraut, und das Wasser lief ihm schon im Mund zusammen, dachte er bloß daran – da war die Ente auch weg. Abgehauen, als sie sah, was geschah!

»Lumpengesindel, verfluchtes«, schimpfte der Taxifahrer, und er schwor sich, nie wieder Leute zu befördern, die sich schon beim Einsteigen schlecht benehmen, und wenn sie zehn Paar lackierte Stiefel mit Sporen aus Gold anhätten und hundert englische Hüte auf dem Kopf. Und schon gar nicht solche, die nach Bier stinken.

Vom tapferen Schneider

Es war einmal ein kleiner Schneider, der hatte sich einen Apfel in zwei Teile geschnitten. Eine Hälfte wollte er zum Frühstück essen und die zweite nach dem Mittag. Und nach dem Frühstück am Vormittag, als die zweite Hälfte so auf dem Fensterbrett lag, kamen die Fliegen, setzten sich auf den halben Apfel und aßen sich satt. Der kleine Schneider sah das, nahm ein Stück Tuch, schlich sich heran – und schlug zu. Sieben hatte er getötet! Da der kleine Schneider sonst feige war und auch sehr schwach, freute er sich kolossal über seinen Sieg, zählte die sieben toten Fliegen fast dreißigmal:

»Eins,
zwei,
drei,
vier,
fünf,
sechs,
sieben!
Was bin ich doch für ein
gewaltiger Kerl!«

sagte er jedesmal, und dann nähte er sich ein breites Band, stickte mit einer Nadel und goldenem Garn darauf:

SIEBEN AUF EINEN STREICH

band es sich um den Bauch und ging damit auf die Straße.

Die Leute dort dachten, er habe sieben Feinde auf einen Streich getötet, und bewunderten den tapferen Schneider. Das machte ihn stolz und eingebildet.

Nun war aber zu derselben Zeit ein Krieg im Land, und der König erfuhr von dem tapferen Mann, der sieben auf einen Streich töten könne, und ließ ihn sofort holen.

»Gebt ihm ein Gewehr!« sagte der König. »Gebt ihm genügend Kugeln und nicht zuwenig Pulver, und dann soll er zeigen, was er kann!«

Und als der Feind kam und die Soldaten des Königs ihm entgegengingen, den Schneider aber vor sich herschickten, zitterte der kleine Schneider vor Angst so sehr, daß der Schuß losging. Da der Feinde aber so viele waren, daß sie dicht gedrängt nebeneinandergingen, traf der Schuß, und einer fiel um. Als der Schneider sah, daß man gar nicht viel Mut brauchte, um auf einen Feind zu schießen, der weit genug weg war, feuerte er sofort noch einmal und dann noch einmal und hatte bald etliche von ihnen getötet.

Das wurde dem König berichtet, und der Schneider wurde geehrt. Der König verlieh ihm das Kreuz aus Eisen für zehn Getötete.

Der Schneider fand Gefallen daran, ohne Gefahr und von weitem Feinde zu töten. Er sagte: »Man müßte zwei Läufe am Gewehr haben. Zwei Läufe = zwei Tote!«

Da ließ der König ihm eine Waffe mit zwei Läufen anfertigen.

Der Schneider schoß jetzt doppelt so schnell, traf doppelt so viele Feinde, und der König verlieh ihm das Kreuz aus Eisen für zwanzig Getötete.

»Man müßte eine Kanone haben«, sagte der Schneider. »Da sind die Kugeln größer. Ich könnte mehr Feinde töten, die Kugeln gehen weiter, und ich brauch nicht so nahe ranzugehen.«

Sie bauten ihm eine Kanone, und der kleine Schneider schoß jetzt aus großer Weite, traf hundert auf einen Schuß, und seine Tapferkeit erschien ihm jetzt noch größer.

48

»Man müßte an die Kanone mehrere Läufe bauen«, sagte der Schneider. »Fünf Läufe = fünfmal so viele Tote.«

Und sie bauten ihm eine Kanone mit fünf Läufen, so daß der kleine Schneider jetzt fünfmal hundert Feinde tötete, bei jedem Abschuß.

Der König verlieh ihm das Kreuz aus Gold für tausend Getötete, und des Schneiders Mut wuchs und wuchs.

Der König stellte Erfinder ein, die stärkere Waffen erfinden sollten. Waffen, die weiter schossen, die noch mehr Menschen töteten. Und sie bauten für den kleinen Schneider Kanonen, die so weit schossen, daß er den Feind überhaupt nicht mehr sehen mußte. Dadurch wurde die Gefahr für den kleinen Schneider ganz klein und sein Mut noch größer.

Allerdings waren die Leute im Nachbarland bald alle getötet.

Da erfanden sie Waffen, die so weit reichten, daß der Schneider bis ins übernächste Land schießen konnte und dann ins überübernächste. Sie erfanden solche Waffen, die er von seinem Stuhl zu Haus durch einen kleinen Knopf bedienen konnte, ohne sich viel zu bewegen. Auch wurden die Waffen immer stärker, so daß er nur noch ein- oder zweimal abdrücken mußte, um ein ganzes Land zu vernichten.

Und der König verlieh ihm das Kreuz mit Schwertern und Diamanten.

Der Schneider war der tapferste Mann im ganzen Land.

Die Erfinder arbeiteten nun um die Wette und erfanden bald Waffen, die man nicht sehen und nicht riechen und sogar nicht hören konnte, welche aber in einer Minute alle Länder und alle Menschen der Welt vernichten – man kann auch sagen: die ganze Welt zerstören konnten. Auf einen einzigen Knopf gedrückt, und aus. Alle Drähte liefen dort bei diesem Knopf zusammen, und auf diesen Knopf durfte der tapfere Schneider drücken.

Von dem bequemen Sessel aus. Wo er saß. Nicht einmal aufstehen hätte er müssen.

Aber da kam ein guter Mann über die Berge gegangen, von Osten her, und zerschnitt hinter diesem fatalen Knopf die Drähte. Und hat damit vielleicht die ganze Welt gerettet.

Der kluge Knecht

Einmal hatte ein Bauer so einen klugen Franz zum Knecht, der hatte wohl studiert. War dort viele Jahre auf der Universität gewesen, hatte dann vielleicht keine Arbeit als Direktor gefunden, kann aber auch sein, daß er lieber Bauer sein wollte und sich also bei jenem als Knecht verdingte.

Der Bauer dachte, als er die schlauen Reden des Burschen hörte: »Kann uns nicht schaden, einen auf dem Hof zu haben, der viel weiß. Sei's drum, wenn wir ihn nicht verstehen, er wird wohl schon wissen, was er tut. Nichts geht über einen studierten Kopf.« Und dann machte der Knecht immer alles anders, als der Bauer es ihm sagte. Machte es so oder andersherum, auch schon einmal so, wie es der Bauer sagte, das war dann aber falsch oder auch nicht. Kurzum, alles wurde ganz anders, als es sein sollte. Oder umgekehrt.

Der Bauer nahm das so hin und sagte: »Wie er's tut, wird's wohl recht sein, geht nichts über einen studierten Kopf.« Und beließ es dabei. Zu seiner Frau sagte er: »Wenn er's so macht, wie's macht, wird er schon wissen, wie er's machen soll, und ich brauch ihm nicht zu sagen, daß er's so machen soll, wie er's macht.«

Einmal war dem Bauern eine Kuh entlaufen.

Franz ging los. Er nahm sich noch etliches zu essen mit und Bier. Tabak für die Pfeife nicht vergessen! Und setzte sich dort irgendwo vier Stunden ins Gras.

Als der Franz nicht wiederkam, ging der Bauer ihn suchen. Er fand ihn im Gras sitzen und fragte ihn, ob er die Kuh gefunden habe.

»Gefunden wie gefunden«, sagte der schlaue Franz. »Hätt' ich sie gefunden, wär sie gefunden, wenn ich sie gefunden hätt'. Hab mehr gefunden, als eine Kuh gefunden, wird sich bald zeigen, was gefunden wurde, sag ich.«

Das war Blödsinn. Aber der Bauer dachte: »Wird wohl was dran sein.« Trank auch ein bißchen Bier mit dem Franz, rauchte ein Pfeifchen Tabak, und wer Bier getrunken hat, macht sich nicht viele Sorgen. Also vergaßen sie die Kuh.

Einmal schickte ihn der Bauer Gras säen.

Der Knecht packte sich genug zu essen ein und etliche Flaschen Bier, nahm den Grassamen – Tabak für die Pfeife nicht vergessen! – und ging los. Er setzte sich dort irgendwo auf dem Feld hin und saß da vier Stunden.

Als er nicht zurückkam, ging der Bauer ihn suchen. Schließlich fand er ihn und fragte: »Hast du das Gras gesät, Franz?«

»Gesät wie gesät, hab es gut gesät, wird wohl gut wachsen. Und dabei blieb noch viel davon übrig.«

Der Bauer war froh, daß er so einen klugen Knecht hatte, setzte sich zu ihm, trank etwas Bier, rauchte ein Pfeifchen und machte sich weiter keine Sorgen.

Einmal schickte der Bauer den Knecht in die Stadt, er sollte ein Schwein verkaufen.

Der Knecht packte sich genug zu essen ein, nahm auch etliche Flaschen Bier mit – einen Sack voll Tabak für die Pfeife nicht vergessen! –, und dann ging er los. Als er sich auf dem Feld hin-setzte und ein Stündchen schlief, lief das Schwein ihm weg. Er suchte nicht lange, sondern aß lieber etwas und trank Bier, und weil das Schwein sowieso weg war, dachte er: »Da kann ich mir den Weg in die Stadt sparen, ist auch gut.«

Nach vier Stunden kam ihm der Bauer entgegen, weil er ihn holen wollte. »Hast du das Schwein verkauft?« fragte er.

»Verkauft wie verkauft, nicht schlecht verkauft oder gut ver-kauft, je nachdem, das Geld wird wohl profitieren... Geduld braucht gut Weil...« redete er so. Wie ein Langstudierter halt, und der Bauer verstand ihn nicht, war wieder froh, einen so klugen Knecht zu haben. Setzte sich zu ihm, und sie tranken zusammen Bier.

So ging das den ganzen Sommer über. Der Bauer schickte ihn Korn säen, schickte ihn das Feld düngen, aber der Knecht machte alles, wie er's wollte. Und als der Herbst kam und der Bauer ernten wollte, auf den Feldern aber nichts wuchs als Unkraut und die Kühe fast alle weg waren, die Schweine auch und die Hühner, da packte der Bauer den Knecht, prügelte ihn aus dem Haus hinaus und warf auch noch mit Steinen hinter ihm her.

Er wird wohl doch nicht so klug gewesen sein, der kluge Franz!

Frau Holle

Es war einmal eine Frau, die hieß Holle, und immer wenn sie ihre Betten schüttelte, schneite es auf der Welt. Frau Holle muß wohl sehr groß gewesen sein. Dabei war es so, daß es in manchen Gegenden mehr schneite und in manchen weniger. Das mag wohl daher gekommen sein, daß sie manchmal ihre Betten weniger schüttelte, manchmal wieder mehr. Genauso mag das mit dem Regen gewesen sein. Nahm sie ihre Gießkanne und begoß ihre Blumen, schon regnete es auf der Welt.

Aber wie man sich denken kann, war das viel Arbeit für eine Person. Die Menschen vermehrten sich und vermehrten sich, sie brauchten mehr Schnee und mehr Regen. Aber alles sollte auch gerecht verteilt werden. Frau Holle mußte darauf achten, daß es nirgends zuviel und nirgends zuwenig schneite – oder regnete, daß die einen nicht unter dem Schnee begraben wurden und die anderen nicht ewigen Sommer hatten. Kurz, zu viel Arbeit für eine Person!

Frau Holle hätte ein Dienstmädchen gebraucht, das ihr half. Aber es gab keine Dienstmädchen, denn niemand wollte gern arbeiten. So versah Frau Holle ihre Arbeit schlecht und recht und so gut sie es konnte allein. Und es kam, wie es kommen mußte, bald ging es auf der Welt drunter und drüber.

In der einen Gegend schneite es zuviel, in der anderen zuwenig. In manchen Ländern schneite es ganz schwach, und dann wieder wurden die Leute vom Schnee begraben. Es ist heute noch so, daß es in Alicante und in Tunis und in Sizilien überhaupt nicht schneit, aber in Grönland und in Alaska sieht man nichts anderes als nur Schnee und Schnee und Schnee und Eis.

Das allein war aber nicht alles. Beispielsweise die Schlittenmacher, die in einem Dorf immer ihr Auskommen hatten, weil es dort

schön schneite und die Leute sich Schlitten kauften, die hatten auf einmal nichts mehr zu tun, weil es dort plötzlich aufhörte und dafür ganz woanders schneite. Also mußten sie verhungern oder statt dessen Handwagen mit Rädern bauen.

Nicht viel anders erging es den Schuhfabrikanten, die Winterschuhe machten. Hörte es bei ihnen auf zu schneien, weil Frau Holle mit der Arbeit nicht nachkam, konnten sie ihre Fabrik abreißen, die Maschinen einpacken und die Facharbeiter umquartieren und in eine andere Gegend umziehen. So ein Umzug war teuer, denn sie mußten alles aus der eigenen Tasche bezahlen, und für viele war das der Ruin. Natürlich konnten sie versuchen, den Laden auf Sommersandalen umzustellen, aber das war gehupft wie gesprungen, denn dafür mußten sie neue Maschinen kaufen.

Aber das war noch nicht alles. Denn Frau Holle hatte auch einen Backofen. Darin buk sie das Brot. Und je mehr Menschen geboren wurden, um so mehr Brot wurde gebraucht. Und als Frau Holle die Arbeit nicht mehr schaffte, geschah es, daß auf einmal in manchen Ländern die Leute überhaupt kein Brot mehr hatten und auf der Straße vor Hunger starben. In anderen Ländern aber hatten sie zuviel, konnten die Straßen damit pflastern und die Hochöfen heizen. Dazu kam es auch noch so, daß die, die zuviel Brot hatten, auch noch das Brot haben wollten von denen, die zuwenig hatten, und vor Hunger starben. Also fingen sie Kriege an, erfanden furchtbare Waffen, mit denen sie die, die sowieso schon halb verhungert waren, schneller und aus der Ferne umbringen konnten.

Das war noch nicht alles, denn die Frau Holle hatte auch einen Apfelbaum. Und weil niemand da war, der die Äpfel einsammelte, den Baum schüttelte, wenn das Obst reif war, kam es auch hier bald so, daß manche so viele Äpfel hatten, daß sie Schnaps daraus machten, andere hatten gar keine. Die, die Schnaps tranken, prügelten ihre Kinder und wurden mit der Zeit immer dümmer; denn

Schnaps macht dumm. Und die Kinder verloren die Ehrfurcht vor ihren dummen, besoffenen Eltern. Sie lehnten sich auf, ließen sich die Haare nicht mehr schneiden, wuschen sich nicht. Sie zogen sich anstelle von Kleidern alte bunte Gardinen und Tischdecken an und setzten sich auf der Straße auf die Erde und wollten erst recht nicht mehr arbeiten.

Auf der Welt ging alles drunter und drüber. Es herrschte Überfluß und Hungersnot, Totschlag, Mord. Dafür wurden immer mehr Menschen geboren. Es gab von allem zuwenig und von allem zuviel.

Doch der Frau Holle wollte niemand helfen.

Einmal freilich kam ein Mädchen mit Namen Maria und half der Frau Holle. Sie war fleißig, nahm das Brot aus dem Backofen, schüttelte den Apfelbaum und die Betten, und auf einmal war auf der Welt alles in Ordnung. Doch nur für drei Tage. Denn am dritten Tag lernte das Mädchen einen Konditor kennen. Und da sie ihn liebte und jetzt auch etwas vom Brotbacken verstand, ging sie mit ihm. Was ging es sie an, ob die Welt in Ordnung war oder nicht, wenn sie zu ihrem Konditor wollte? Auf der Welt hatte man das nicht einmal gemerkt, daß drei Tage lang alles in Ordnung war. Dabei bezahlte Frau Holle sie gut, mit Gold. Und als Marias Schwester davon erfuhr, nahm sie die Stelle bei der Frau Holle an. Aber sie war faul. Sie setzte sich neben den Backofen und ließ das Brot verbrennen. Sie legte sich neben den Apfelbaum und ließ die Äpfel verfaulen. Sie schüttelte die Betten nicht, kurz, in der Welt wurde es noch viel schlimmer als zuvor. Und wenn nicht bald jemand hingeht und der Frau Holle etwas hilft, dann wird es auf der Welt noch viel, viel schlimmer werden.

Vom Hühnchen im Nußberg

Einmal ging das Hähnchen mit dem Hühnchen in den Nuß-berg. Nüsse pflücken. Sich den Bauch vollschlagen. Sie waren zusammen lustig, gackerten und kackerten, und weil das Hühnchen nicht aufpaßte, aß es eine Nuß, die zu groß war für seinen dünnen Hals. Das Hühnchen bekam Angst, daß es ersticken müß-te, und schrie: »Hähnchen, lauf, was du kannst. Hol Hilfe, geh zum Tierarzt, sonst muß ich ersticken.«

Das Hähnchen lief, was es konnte, aber der Tierarzt war nicht zu Haus. Er machte just da seine Tierbesuche. Da rief das Hähnchen den erstbesten, den es traf, nämlich einen Hund: »Das Hähnchen muß ersticken. Helfen Sie doch!«

»Wo?« fragte der Hund.

»Im Nußberg.«

»Was gibt's denn da?«

»Nüsse zuhauf.«

»Oh, die esse ich gern«, bellte der Hund und lief hinter dem Hähnchen her.

Unterwegs rief das Hähnchen weiter: »Das Hühnchen muß ersticken, so kommt doch und helft!«

»Wo?« schnatterten die Gänse.

»Im Nußberg.«

»Was gibt es da?«

»Nüsse zuhauf.«

»Gack, die essen wir gern.« Und sie rannten hinter den beiden her.

Und so trafen sie noch die Tauben, die Enten, die Katze, das Eichhörnchen und den Dachs.

Und alle rannten sie mit.

Als sie auf den Nußberg kamen, fielen sie alle über die Nüsse her

und fraßen sich satt. Dann legten sie sich zum Schlafen, die einen unter den Baum, die anderen auf die Wiese und manche an den Bach.

Das Hähnchen schlief gar oben im Baum.

Und hätte das Hühnchen sich nicht selber geholfen und die Nuß mit der Pfote aus dem Hals geholt, es wäre jämmerlich gestorben.

Der singende Knochen

Es war einmal ein junger Bursche, dem waren Geld und Reichtum nichts wert. Was er besaß, das trug er auf dem Leib: Hose, Jacke, Hemd und Schuhe und im Winter eine Mütze. Bekam er mehr, ließ er es irgendwo liegen, damit er es nicht tragen mußte und damit's ein anderer fand. Es gab für ihn nur die Musik. Überall, wo er war, hörte er Musik in sich, und die mußte er spielen. Wenn er auf einen Berg kam und dort der Wind leise durch die vertrockneten Zweige sang, dann schnitzte er sich eine Flöte aus dem Holz und spielte alle jene Lieder, welche der Wind in den Bäumen hinterlassen hatte.

Kam er an einen Teich, dann schnitzte er sich aus dem Schilf eine Flöte und konnte all die Lieder aus dem Schilf herauslocken, welche die Wasservögel und Rohrdommeln, das Wasser und der Wind über dem Teich dem Schilf hinterlassen hatten.

Was für ein Glück, so ein Mensch zu sein.

War er länger an einem Ort, schnitzte er sich eine Geige. Und spielte, was die Zeit dem Holz der Geige überließ. Und die Leute lauschten seiner Musik, wo immer er auch hinkam.

Freilich kam er auch in fremde Länder. Um Essen und Trinken brauchte er sich nicht zu sorgen, man gab ihm, was er brauchte. Auch die fremden Sprachen mußte er nicht sofort lernen, denn seine Musik verstanden sie überall.

Einmal kam er auf eine Insel. Dort wohnten nur wenige Leute. Fischer wohl. Es gab ausgedörrte Bäume und Sand ringsum. Und das Wasser war so klar, daß man es hätte trinken können, wär's nicht das salzige Meer gewesen.

Und als der Junge durch den heißen Sand ging, fand er einen Knochen. Hohl von innen, weiß und zerbrechlich, denn es war ein Vogelknochen. Vom Flügel. Schon als er ihn gegen den Wind hielt,

hörte er einen unendlich schönen Ton aus dem Knochen. Und als er versuchte, auf dem Knochen eine Melodie zu flöten, war diese so schön und seltsam, wie ihm zuvor noch keine gelungen war. Es war eine Melodie und eine Geschichte gleichzeitig. Ihm war, als schwebte er. Vielleicht wie jener Vogel, welchem der Knochen einst gehörte, über das Meer und über die Länder. Und er sah alles, wie es war.

Denn in der Tat hatte der Knochen dem heiligen Vogel Kolb gehört, der die Welt einst in Ordnung hielt. Den die Menschen aber totschlugen. Dessen Leib vom Sturm auf diese Insel getragen wurde und dessen Flügelknochen der Junge hier fand.

Je länger er spielte, um so mehr erfuhr er über den heiligen Vogel Kolb. Um so weiter weg ging die Zeit, ja, sie verschwand gar, und gestern war heute, heute war gestern und morgen gleichzeitig. Hier war dort, und dort war hier. Und alles war eins.

Als der Junge wieder unter die Leute kam und dort dann und wann auf dem Flügel des heiligen Vogels Kolb spielte, wurden die Leute auf merkwürdige Weise still. Jeder erfuhr für sich das, was er wissen mußte, um besser leben zu können. Wer etwas gesucht hatte, wußte mit einmal, wo er's finden konnte oder daß er es gar nicht suchen mußte, weil er's nicht brauchte. Wer Sorgen hatte, wußte nun, was diese Sorgen wert waren. Meistens gar nichts. Und wenn doch, dann überwand er sie leichter. War jemandem ein Freund gestorben, war es nicht mehr schlimm, denn tot war für ihn nun nicht mehr »tot«, die Zeit hörte für ihn auf zu zählen.

Manche gar wurden so glücklich, daß sie meinten, es nicht ertragen zu können. Sonne, Feuer, Wasser, Regen und Sand. Lachen und Weinen, Sein und Nichtsein – man kann es nicht sagen.

Und alles war dann so in der Ordnung, als ob der heilige Vogel Kolb wieder über ihnen schwebte.

Katz und Maus in Gesellschaft

Eine Maus war von einer Katze gefangen worden und sollte gefressen werden. Weil sie aber Angst hatte, daß der Tod sie schmerzen könnte, schrie sie in ihrer Not: »Wenn du mich frißt, hast du doch nicht einmal einen hohlen Zahn voll Fleisch und hast in fünf Minuten schon wieder Hunger. Wenn du mich nicht frißt, würde ich dich auch heiraten, ehrlich. Da hast du mehr davon.«

Die Katze sagte: »Ist in Ordnung. Aber zuerst mußt du mir einen kleinen Topf mit Gänsefett, oben auf dem Regal, aus der Ecke schieben. Es steht ein Gurkenglas davor. Ich komme nicht daran vorbei, bin zu breit. Am besten, du holst dir einen oder zwei Kameraden, die dir helfen, der Topf ist schwer. Das soll schon mal deine Mitgift für unsere Heirat sein.«

Die Maus war froh, daß sie nicht sterben mußte, und holte sich zum Helfen einen jungen Mauser, der sie heiß verehrte und schon dreimal um ihre Pfote angehalten und der gesagt hatte, er ginge für sie durchs Feuer. Im Notfall. Dann nahm sie noch einen alten, kurzsichtigen Onkel mit, der die Katze nicht sehen konnte, sonst wäre er wohl nicht mitgegangen. Die drei gingen also in die Kammer, stiegen auf das Regal und schoben den kleinen Topf Gänsefett aus der Ecke.

Dann fraß die Katze die beiden Mausekameraden auf. Als sie die Maus schon am Schwanz gepackt hatte und auch fressen wollte, schrie diese, weil sie Angst hatte, daß der Tod sie schmerzen könnte: »Wir wollten doch heiraten, ich bin's doch, deine Frau.«

»Pardon«, sagte die Katze, »habe dich nicht erkannt. Die Mäuse sehen alle egal aus.«

Sie hielt sie aber noch fest.

»Aber nur mit einer ordentlichen Trauung«, sagte die Katze. »Du mußt zum Dompfaff gehen und die Hochzeit anmelden, sonst mache ich nicht mit. Inzwischen trage ich den kleinen Topf Gänsefett hinter das Sofa. Wir werden damit ein ganz großes Hochzeitsfest feiern.«

Weil die Maus Angst hatte, daß der Tod sie schmerzen könnte, ging sie also zum Dompfaff, die Hochzeit anzumelden.

Der Dompfaff dachte, die Maus würde einen jungen Mauser heiraten, sonst hätte er wohl nicht zugesagt, und legte die Trauung auf morgen, Dienstag, acht Uhr, am Waldrand fest.

Als die Maus zurück zur Katze kam, sagte die Katze: »Keine Trauung ohne Trauzeugen! Das ist Tradition, und so will ich das haben. Am besten, du gehst sofort zum Rotkehlchen und bringst es her, damit wir alles einstudieren können. Das Rotkehlchen hat einen guten Ruf und ist als ehrlich bekannt.«

Die Maus ging zum Rotkehlchen, und weil dieses dachte, die Maus würde einen jungen Mauser heiraten, ging sie mit, sonst wäre sie wohl nicht gekommen.

Da fraß die Katze das Rotkehlchen.

Die Maus sagte nichts, denn sie hatte Angst, die Katze könnte sie fressen und der Tod würde sie vielleicht schmerzen.

»Und jetzt lade hundert Gäste ein«, sagte die Katze. »Wir machen ein ganz großes Fest.«

Die Maus ging also los, lud die Maulwürfe ein, weil die blind sind und die Katze nicht sehen konnten, sonst würden sie wohl nicht kommen.

Als am nächsten Tag um acht der Dompfaff zum Waldrand kam, war die Maus mit der Katze schon da. Die Maus hatte sich schön geschmückt, trug einen Schleier aus Spinnweben und hatte die Katze untergehakt. Das heißt, die Katze trug sie auf der Pfote, und die Maus hatte sie dort ungehakt.

Der Dompfaff hatte zwei Ministrantenvögel mitgebracht, und

noch ehe die Trauung anfing, fraß die Katze den Dompfaff mitsamt den Ministranten.

Die Maus war sich nicht mehr ganz sicher, ob sie der Katze noch so recht trauen konnte, und rief: »Aber *wir* sind doch verheiratet, oder was? So wie Mann und Frau, oder wie?«

»Natürlich, natürlich«, lispelte die Katze, »so wie Mann und Frau, so wie Katz und Maus. Natürlich… Ich bin die Katze, und du bist die Maus.« Und sie fraß nun auch die Maus.

Wir aber fragen uns: Was hatte die Maus daraus gelernt?

Sie hatte *viel* gelernt, das ja. Nur nicht rechtzeitig. Es nutzt nicht viel, etwas zu lernen, wenn es zu spät geschieht. *Rechtzeitig* lernen, ihr Mäuse, rechtzeitig, das ist wichtig.

Der Froschkönig

Es war einmal ein schöner, grüner Froschkönig, dessen Reich in einem kleinen Teich im Wald war. Jeden Tag schwamm er an eine Stelle, wo das Wasser einen Meter sechsundsiebzig tief war, und spielte mit einer goldenen Luftkugel. Er ließ sie aufsteigen, schwamm ihr schnell nach, fing sie noch in letzter Sekunde auf, bevor sie die Wasseroberfläche erreicht hatte, und war bald so geschickt, daß er sie noch einen Zehntel Millimeter unter der Oberfläche erwischen konnte.

Das war sein liebstes Spiel.

Und einmal – er hatte an diesem Tag wohl schlecht geschlafen, war etwas nervös, auch blendete ihn die Sonne – griff er daneben, und die goldene Luftkugel entwischte ihm, flog hinaus und ging ihm verloren.

Der Froschkönig erschrak, denn draußen auf dem Land war er nicht gut zu Fuß, und wo sollte er lange suchen? Möglicherweise flog die goldene Luftkugel auch in der Luft herum? Ein Frosch ist kein Vogel, wie hätte er sie fangen können?

Da fing er jämmerlich an zu weinen und zu quaken: »Was ist das für ein Unglück! Ach, du lieber Wassermann, was soll ich nur machen? Ich gäbe alles dafür, hätte ich die goldene Luftkugel nur wieder.«

Da steckte ein Mädchen ihren Kopf durch das Schilf und sagte: »Was jammerst du, Frosch?«

»Da soll ich nicht jammern«, sagte der Froschkönig. »Ich habe meine schöne goldene Luftkugel verloren. Sie muß dort oben irgendwo in der Luft schweben.«

Der schöne, grüne Frosch gefiel dem Mädchen aber sehr gut, und sie verliebte sich in ihn und sagte: »Wenn du mich heiratest, fang ich dir die goldene Luftkugel.«

Das Mädchen freilich gefiel dem Froschkönig überhaupt nicht, denn sie war nicht besonders schön. Sie hatte zu kurze Beine, war auch etwas zu dick, und ihre Haare waren wie Stroh. Aber in seiner Not, und weil er an der goldenen Luftkugel hing, dachte er: »Was redet sie da für dummes Zeug? Sie kann erstens gar nicht tauchen und vielleicht auch nicht schwimmen, außerdem ist sie doch ein Landmensch. Was will sie hier unten im Wasser?«

Dann sagte er: »Ja, ist gut. Aber bring mir schnell meine goldene Luftkugel!«

Das Mädchen fing ihm die Kugel, aber kaum hatte er sie, tauchte er unter und verschwand.

Und kaum war er unter Wasser, vergaß er auch das Mädchen, aber sie rief ihm nach: »Warte! Warte doch auf mich, mein lieber Mann! Hast du mir nicht die Ehe versprochen?« Sie zog sich das Kleid nicht erst lange aus und sprang ins Wasser.

Unten saß der Froschkönig in seinem Wasserschloß beim Essen, als es an die Tür klopfte und jemand rief: »Mach mir auf, Froschkönig! Laß mich herein, hier bin ich, deine liebe Frau!«

Der Froschkönig stellte sich taub, aß weiter, und sie rief wieder: »Froschkönig, mein Liebster! Mach doch endlich auf, hier bin ich, Suse, deine Frau!«

Da sagte der alte Vater des Froschkönigs, der als weise und gerecht galt und von allen Wassertieren sehr verehrt wurde: »Was ist das für ein Lärm, mein Sohn?«

»Ach«, sagte der schöne, grüne Froschkönig, »das ist so ein kümmerliches Mädchen, Beine zu kurz, Hintern zu dick, von oben bis unten keine Schönheit, die will mich heiraten. Aber sie gefällt mir nicht.«

»Wie kommt sie dazu?« fragte der alte Froschkönigsvater. »Du wirst ihr doch nichts angetan oder ihr gar deine Pfote versprochen haben?«

Der schöne, grüne Froschkönig war etwas verlegen und sagte:

»Nein, ja, ich meine – ich habe, nein – das heißt, das war so…«

»Also, mit der Sprache heraus«, sagte der alte Froschkönigsvater, »ich sehe schon, du hast ihr den Kopf verdreht. Geh hinaus und hole sie herein!«

Und vor der Tür rief das Mädchen:

»Froschkönig, mein Liebster,
laß mich rein!
Weißt du nicht mehr, was du mir oben
im Schilf versprochen hast?
Froschkönig, Liebster,
laß mich doch endlich herein.«

Als der schöne, grüne Froschkönig die Tür aufmachte und sie hereinkam und ihn so sah in seiner schönen, grünen Farbe, die hier unten im Wasser in seinem Schloß noch viel, viel schöner war, verliebte sie sich noch mehr in ihn und wurde ganz verrückt davon.

Sie setzte sich neben ihn an den Tisch und aß von seinem goldenen Teller.

Es gab Fliegen und Mückensalat, aber sie aß mit so viel Appetit, als wären es gezuckerte Himbeeren. Die Liebe macht wohl blind und taub und verwirrt die Sinne. Dann trank sie aus seinem goldenen Becher, aber es war wieder nichts anderes drin als Wasser aus dem Teich, doch es schmeckte ihr wie Honigmilch.

»Komm, mein lieber Mann«, sagte das Mädchen, »ich bin ja sooo müde.« Der schöne, grüne Froschkönig erschrak, wenn er daran dachte, daß er neben dem kümmerlichen Mädchen liegen sollte. Aber weil sein gerechter, alter Vater ihn so streng anschaute, nahm er das Mädchen bei der Hand und schwamm mit ihr in sein Gemach.

Doch kaum waren sie aus dem Saal, nahm der schöne, grüne Froschkönig das Mädchen in den Schwitzkasten und wollte sie im tiefsten Wasser ertränken. Sie ließ dies alles gutwillig mit sich geschehen, und kaum war sie tot, verwandelte sie sich in eine schöne, grüne Froschprinzessin, schöner als jede Froschprinzessin, die der Froschkönig je sah.

Da war der Froschkönig aber sehr, sehr froh, und er umarmte sie. Sie ward seine Gemahlin, und durch das Wasser schien von oben der Vollmond. Und immer, immer wieder erzählte ihm die schöne, grüne Froschkönigin, wie sie sich einmal als Froschkind zu weit vom Teich ihres Vaters weggewagt hatte, von einem Menschen gefangen worden war, in ein Glas gesteckt wurde und sich dann in ihrer letzten Not in einen Menschen verwandeln mußte, um in dem Glas nicht elendig zu sterben. Damit aber kein anderer Mensch sie zur Frau nahm, wurde sie ein kümmerliches, häßliches Mädchen. Hätte sie nämlich oben auf dem Land geheiratet, hätte sie nie, nie wieder zurückgedurft ins kühle Wasser.

Der alte Sultan

Ein alter Hund hatte sein Leben lang einem Bauern gehört und dort alles bewacht. Als er nun alt war und nicht mehr gut hören, auch fast gar nichts mehr sehen konnte, kam es manchmal vor, daß er nicht rechtzeitig bellte, wenn jemand kam. Das aber hätte er tun müssen, denn es hätten ja Diebe sein können.

»Ich werde ihn nächste Woche erschießen«, sagte der Bauer zu seiner Frau. Er hatte nämlich ein Gewehr.

»Aber er hat doch so lange unseren Hof bewacht und immer gebellt, wenn jemand kam, der ein Dieb hätte sein können«, sagte die Frau. »Vielleicht solltest du ihn leben lassen.«

»Dafür hat er auch sein Fressen bekommen«, sagte der Bauer. »Wer zu nichts mehr taugt, ist ein unnötiger Fresser.«

»Aber einmal hat er doch unsern Sohn aus dem Wasser gezogen und vor dem Ertrinken gerettet. Weißt du das nicht mehr?«

»Hätte er ihn nicht gerettet, hätten sie ihn im Krieg nicht totschlagen können, als er Soldat werden mußte.«

»Aber weißt du nicht mehr, wie damals unser Haus gebrannt hat? Der Sultan hat seine Kette losgerissen und sich dabei fast erwürgt, weil er uns wecken wollte. Und dann haben wir das Feuer noch gelöscht.«

»Gelöscht, gelöscht!« sagte der Bauer. »Hätte der Köter uns nicht geweckt, wäre alles schön abgebrannt, und die Versicherung hätte gezahlt. Dann hätten wir ein neues Haus mit allem Komfort bauen können.«

Das alles hörte der alte Sultan.

»Du kannst ihn doch nicht umbringen«, sagte die Frau. »Damals, als unser Stier auf das kleine Kind losging, hat der Sultan sich halb umbringen lassen von ihm und hat das Kind gerettet.«

»Ach, was du immer redest!« sagte der Bauer. »Und ich mußte

den Stier schlachten, weil der Köter ihn gebissen hat. So einen Stier habe ich nie wieder bekommen. Und hast du mal nachgerechnet, wieviel der frißt?« sagte der Bauer. »Nein, der Hund ist dran. Und was denkst du, wieviel Strafe ich zahlen muß, wenn sie mich erwischen, weil ich keine Hundesteuer zahle? Na!«

Als der alte Sultan hörte, daß er zuviel fräße, ging er weg. Er verschwand dort im Gestrüpp, beim Bach.

»Aber du kannst ihn doch nicht umbringen«, sagte die Frau, »er ist doch bloß so ein armes Vieh, genau wie ein Mensch.«

»Wenn ich Kugeln im Haus hätte«, sagte der Bauer, »würde ich ihn noch heute umlegen.«

Der alte Sultan ernährte sich von dem Wasser, das im Bach war. Jede Nacht schlich er um das Haus des Bauern, denn er hatte Heimweh. Und da geschah es nach einer Woche, daß der Hof anfing zu brennen.

Der alte Sultan sprang in die Flammen, wollte den Bauern wekken, doch er kam zu spät, und er verbrannte. Der Bauer und die Bäuerin aber verbrannten auch.

Von der Frau Füchsin

Es war einmal ein schöner, alter Fuchs, der hatte acht Schwänze. Er hatte auch eine schöne Füchsin zur Frau, aber eines Tages wollte er wissen, ob sie ihm auch über den Tod hinaus treu war. Also legte er sich neben die Tür und stellte sich tot.

Die gescheckte Katze, die bei ihnen als Magd angestellt war, sah dies, lief sofort zur Füchsin und sagte:

> »O Jammer und Not,
> der Fuchs is tot,
> der Fuchs is tot.«

Die Füchsin weinte gleich und ging in die Kammer. Dort schloß sie sich ein.

Bald hatte es sich herumgesprochen, daß der alte Fuchs tot sei. Und nach einer Stunde klopfte ein junger Fuchs an die Tür, der hatte einen Schwanz, und fragte:

> »Mit'm Fuchs isses aus?
> Isse Füchsin zu Haus?«

Da sagte die gescheckte Katze:

> »Nehmt doch mich, junger Mann,
> und schaut's, was ich kann!«

Aber der Fuchs wollte keine Magd, er wollte die schöne Füchsin. Also ging die gescheckte Katze zur Füchsin, diese aber fragte:

> »Wieviel Schwänz' hat er dran?«

»Hat nur einen, der Mann«,
sagte die Katze.

»Schick 'n weg,
is'n Dreck!«

sagte die Füchsin und weinte weiter.
Die gescheckte Katze ging hinaus und schickte den Freier weg.
Nach einer Stunde klopfte wieder ein junger Fuchs an die Tür,
der hatte zwei Schwänze.

»Mit 'm Fuchs isses aus?
Isse Füchsin zu Haus?«

Da sagte die gescheckte Katze:

»Nehmt doch mich, junger Mann,
schaut's Euch an, was ich kann!«

Aber der Fuchs wollte keine Magd, er wollte die schöne Füchsin.
Also ging die gescheckte Katze zur Füchsin, diese aber fragte:

»Wieviel Schwänz' hat er dran?«
»Hat nur zwei, der Mann«,

sagte die gescheckte Katze.

»Schick 'n weg,
is'n Dreck!«

sagte die Füchsin und weinte weiter.
Die gescheckte Katze ging hinaus und schickte den Freier weg.

Nach einer Stunde kam wieder ein junger Fuchs, der hatte drei Schwänze. Er klopfte, sagte:

>Mit 'm Fuchs isses aus?
Isse Füchsin zu Haus?«

Als die Füchsin hörte, daß er bloß drei Schwänze hatte, sagte sie wieder:
>Schick 'n weg,
is'n Dreck!«

Dann kam noch einer mit vier Schwänzen, fünf und sieben, aber dann kam einer mit *neun*. Als die Füchsin das hörte: *Neun Schwänze*, rief sie:

>Hol ihn rein,
der soll's sein.«

Und sie machte ihn zu ihrem Mann.

Den alten Fuchs aber mit den acht Schwänzen, der sich totgestellt hatte, um zu erfahren, ob seine Frau auch treu sei, den fegten sie hinaus. Und als sie merkten, daß er nicht tot war, jagten sie ihn fort. Denn gegen den mit den *neunen* kam er nicht an. Das kommt nämlich davon, wenn so ein Fuchs mit acht Schwänzen seiner Frau nicht traut.

Der Wolf und die sieben Geißlein

Es war einmal eine alte Geiß, die hatte sieben junge Geißerlein und hatte sie lieb, wie eine Mutter ihre Kindlein liebhat.

Einmal wollte sie in den Wald gehen und Futter holen. Da rief sie alle sieben herbei und sprach: »Liebe Kinder, ich will in den Wald gehen und Futter holen. Seid auf der Hut vor dem Wolf. Wenn ihr ihn hereinlaßt, frißt er euch mit Haut und Haar. Denn ihr seid ja noch so klein und so dumm.«

Die Geißerlein sagten: »Gräme dich nicht um uns, Mütterlein. Wir werden uns schon in acht nehmen, und dumm sind wir nicht.«

Da meckerte die Alte noch etwas und machte sich besorgt auf den Weg.

Es dauerte nicht lange, da klopfte jemand an die Tür und rief: »Macht auf, ihr lieben Kleinen, ich bin es.«

»Wer bist du denn?« fragten die Geißerlein.

»Der Wolf, ich würde euch gern besuchen.«

»Aber dann geh zuerst zum Krämer und hole uns Honig. Dann lassen wir dich herein.«

Der Wolf lief zum Krämer und holte zwei Eimer voll Honig. Als er wieder zu den Geißerlein kam und klopfte, riefen sie: »Geh zum Bäcker und hole uns ein Paket voll Kuchen, dann lassen wir dich herein. Den Honig aber stell vor die Tür.«

Der Wolf, der guten Appetit auf die kleinen Ziegen hatte, tat, was sie ihn geheißen, stellte den Honig vor die Tür und holte beim Bäcker Kuchen.

Währenddessen nahmen die Geißerlein den Honig in die Stube und labten sich. Als er den Kuchen brachte, riefen sie: »Erst den Kuchen durch das Fenster, dann lassen wir dich ein.«

Dann labten sie sich an dem Kuchen. Verlangten dann noch

83

Klee von der Wiese, verschmatzten auch den, aber dann öffneten sie die Tür, und kaum hatte der Wolf den Kopf hereingesteckt, stülpten sie ihm einen Sack über, verschnürten ihn zu einem Paket und ließen ihn in der Stube liegen.

Dann versteckten sie sich hinter dem Haus. Das Jüngste kroch in den Uhrenkasten.

Eine Überraschung sollte es werden für die gute Mutter. Ihr zu zeigen, daß ihre Kindlein nicht dumm sind.

Als die alte Geiß nach Hause kam und den Sack da in der Stube sah und aufschnürte, um zu sehen, was das wohl sein sollte, sprang der Wolf aus dem Sack und fraß die gute Mutter mit Haut und Haaren.

Dann ging er hinaus unter den Lindenbaum und schnarchte, daß die Blätter erzitterten.

Alles das hatte das Jüngste im Uhrenkasten gesehen, holte seine Geschwister, und sie nahmen eine Schere, schnitten dem Wolf den Bauch auf und fanden ihre gute Mutter wohlbehalten und munter. Umarmten sie, denn ohne Mutter hätten sie wohl auch nicht gern sein mögen. Sie herzten und küßten sie und hüpften wie die Schneider auf dem Jahrmarkt zu Ulm.

Die Mutter aber sagte: »Nun geht und sucht Wackersteine, damit wollen wir das gottlose Tier ausfüllen und dann sehen, was passiert.«

Der Wolf schlief so tief, daß er von alledem nichts merkte.

Sie füllten ihn mit Wackersteinen aus, nähten den Bauch wieder zu und legten sich hinter dem Gebüsch auf die Lauer.

Als der Wolf aufwachte, hatte er Durst und wollte im Brunnen trinken. Freilich merkte er, daß in seinem Bauch etwas herumpolterte, meinte aber, es könnten die Hörner der alten Geiß sein, die da klapperten. Vielleicht lebte sie auch noch und tanzte.

Er ging zum Brunnen und beugte sich über den Brunnenrand,

und zwar so tief, daß die Steine in ihm nach oben rutschten und er in den Brunnen fiel und ertrank.

Da kamen die sieben Geißerlein mit ihrer Mutter herbeigelaufen und sangen:

»Morgenrot und Abendrot,
der Wolf ist tot, der Wolf ist tot.«

Die alte Geiß aber sagte nie wieder, ihre Kinderlein seien dumm. Auch nicht im Spaß.

Doktor Allwissend

Es lebte in einem Dorf ein Bauer, der brachte drei Ster* Holz zum Doktor Krebs in die Stadt; für seinen Kamin zum Heizen. Als er dort das Holz abgeladen hatte und klingelte – er wollte das Geld kassieren, hundertfünfunddreißig Mark mit Anfahrt und Auf- und Abladen –, saß der Doktor Krebs gerade beim Essen. Der Bauer sah, wie gut es ihm ging, denn zuerst aß er schöne Nudelsuppe mit Fleisch, dann Sauerbraten mit Knödeln und Sauerkraut. Einen halben Liter gekühltes Bier dazu und obendrein noch Nachspeise mit Rumkompott. Damit es ihm auch nicht schaden könne, goß er sich einen teuren Schnaps ein und zündete sich dann gemütlich eine Zigarre an, das Stück mindestens zu drei Mark. »So ein Doktor möcht man auch sein«, dachte der Bauer.

Und als dann der Doktor Krebs, ohne sich zu eilen, langsam die Brieftasche aus der Jacke holte, aufklappte, die Zigarre erst weglegte, dann in den Hundertmarkscheinen blätterte und so zwei heraussuchte, dachte der Bauer wieder: »So ein Doktor müßte man auch sein.« Wenn er dabei an seine Arbeit zu Hause dachte, bekam er gleich Muskelreißen.

Als er nach Hause kam, erzählte er seiner Frau davon, und daß er auch gerne so ein Doktor wäre.

Nun war die Frau aber nicht dumm. Sie grübelte etwas und fuhr dann zwei Tage später, mit dem Autobus um acht Uhr zwanzig, in die Stadt, um sich den Doktor selbst zu besehen, ihm draufzukommen, ihm möglicherweise auch Fragen zu stellen, Fangfragen vielleicht, um herauszufinden, wie man das

---

* Ster: franz. Raummeter. Wird zum Abmessen von Holz verwendet. 1 Ster Holz = gestapelter Holzstoß 1 Meter lang, 1 Meter breit, 1 Meter hoch.

macht. Denn auch ihr wäre so eine Doktorei nicht unrecht gewesen. Einerseits mag sie an schöne Kleider gedacht haben, andererseits an kostspielige Creme fürs Gesicht und an weiß der Teufel was noch alles.

Sie ging also hin, setzte sich ins Wartezimmer für Krankenschein-Patienten und mußte viereinhalb Stunden warten.

Dann sagte sie zum Doktor Krebs, daß es sie hier vorne und dort hinten schmerze.

»Soso«, sprach der Doktor.

»Bei Tag, aber auch in der Nacht«, sagte die Frau, »je nachdem.«

»Das ist logisch«, sprach der Doktor, »dann weiß ich Bescheid.«

Er schrieb ihr ein Rezept, die Medizin sollte sie nehmen, und er sagte noch: »Das schadet niemals.«

Die Frau war so klug wie zuvor. Sie hatte sich wohl überall umgeschaut, in die Ecken gelinst, versucht, auf den Zetteln, die auf dem Schreibtisch lagen, etwas zu lesen, aber alles das ergab gar nichts.

Aber die Frau war ja nicht dumm. Eine Woche danach fuhr sie wieder hin. Um den Doktor aber zu täuschen und um von ihm nicht erkannt zu werden, nahm sie einen Krankenschein ihrer Schwester, die ja anders hieß, und zog sich ihr gestreiftes Kleid an. Und in der Tat, Doktor Krebs erkannte sie nicht wieder. Sie machte dieses Mal alles umgekehrt, sagte also, es täte ihr hier oben und dort unten weh. Und zwar nicht nur bei Tag und bei Nacht, sondern auch im Gehen und beim Stehen, je nachdem.

»Soso«, sprach der Doktor. »Das ist ja logisch, ich weiß schon Bescheid.«

Er schrieb ihr wieder so ein Rezept und sagte: »Das schadet niemals.«

Und jetzt wußte die Frau auch Bescheid, denn sie war ja nicht dumm. Sie schrieb es sich auf, und als sie nach Hause kam, hieß sie ihren Mann, die Ochsen an den Metzger zu verkaufen – das Stück Ochsenlende kostete damals bereits zweiundzwanzig Mark – und sich dafür alles anzuschaffen, was man für eine Doktorei braucht: einen Anzug, Zigarren, eine Brille. Und dann mußte er die Reden des Doktors auswendig lernen: »Soso« und »Dann weiß ich Bescheid«, aber auch: »Das schadet niemals.«

»Und sage niemals ein Wort mehr als diese!« sagte sie zu ihm. Dann verkauften sie einen Acker, zweihundertzwanzig den Quadratmeter, und hatten nun genügend Geld für die nächsten Jahre.

Sie mieteten sich in der Stadt ein, Neubauwohnung mit allem Komfort: mit Müllschlucker, eingebauten Elektroherden und Infragrill, alles inklusive. An die Tür aber ließ die Frau ein Schild schrauben: *Doktor Allwissend.*

Es dauerte nicht lange, da bemühten sich Nachbarn und später wieder deren Bekannte und dann wieder deren Freunde um die Bekanntschaft der neuen Doktorsfamilie; denn es sprach sich bald herum, daß diese Herrschaften in der Tat sehr gebildet sein müßten und von auffallend guten Umgangsformen und mit großem Wissen, denn sie sagten ja selbst immer wieder: »Da weiß ich Bescheid.«

Auch wenn man ihnen etwas erzählte, wußten sie es bereits. Sagten sie doch: »Soso, jaja.«

Auch konnten sie einem immer einen guten Rat geben, erbat man einen solchen von ihnen, indem sie sagten: »Das schadet niemals.«

Aber des nicht genug, lernte die Frau des Bauern auch ständig Neues hinzu, indem sie den anderen Doktoren aufs Maul schaute und alles notierte, was die redeten. Sie erlernte diese Reden schnell, denn es waren nicht viele, wie sie bei Durchsicht der Notizen bald erkannte. Da sagten sie etwa: »Ach was?« oder »Jajaja.« Oder »Janein«, wenn man ihnen etwas erzählte. Erzählten sie aber selbst etwas, dann konnte man sie getrost reden lassen, mußte nicht weiter zuhören, durfte sie aber nicht unterbrechen. Sie konnten so einen ganzen Abend mit ihrer Rede durchhalten. Es langte dann, wenn man bescheiden sagte: »Wie recht Sie da haben.«

Und weil sie selbst keine langen Geschichten erzählten, wurden Doktor Allwissend und seine Frau immer beliebter und erfreuten sich eines großen Freundeskreises. Und die Freundschaft wuchs, wenn die Frau dann und wann locker das Wörtchen »Scheiße« sagte. Verhalten und nicht allzulaut.

Sie ließ sich frisieren, ondulieren, maniküren, titulieren und die Nase liften. Zog bei den Feierlichkeiten auch schon einmal die Schuhe aus, denn ihre Füße waren den harten Boden hier nicht gewöhnt, war sie doch zuvor meist auf dem weichen Akker unterwegs gewesen.

Bald machte ein Freund von ihnen (aus der Politik) das restliche Ackerland des Bauern zu Bauland, welches der Bauer verkaufte (sechshundert Mark pro Quadratmeter). Dafür kaufte er das Ackerland von fünf anderen Bauern (vier Mark pro Quadratmeter). Daraus machte der Freund wieder Bauland, und so wurde der Bauer so reich, daß er sich eine junge Frau nahm. Seine erste Frau bekam die Hälfte des Reichtums, ließ sich noch die Haare färben, nahm einen jungen Burschen zum Mann und zog mit ihm nach Ibiza.

Hans mein Igel

Es waren einmal ein Bauer und seine Frau, die hatten keine Kinder. Nun ist es aber so, daß fast jeder Mensch sich eine Weile lang in seinem Leben viele Kinder wünscht, wenigstens aber eines, und das taten auch der Bauer und seine Frau. Doch sie bekamen keines. Nicht einmal einen Igel.

»Und wär's ein Igel, Mann, mir wäre es recht«, sagte die Frau einmal. Unbedacht. Hatte nicht darüber nachgedacht, daß man nicht unbedacht etwas sagen soll. Denn manches geht in Erfüllung, keiner weiß, warum. Keiner kennt die Hintergründe des Welttheaters.

Und so bekamen sie einen Sohn – *doch er war ein Igel.* Er hatte Stehhaare auf dem Kopf, welche sich mit keinem Haarverstärker und keiner Pomade herunterdrücken ließen. Und eine Igelnase.

»Vielleicht wächst sie noch mit der Zeit«, sagte der Bauer, »fast alles auf der Welt wächst mit der Zeit, wir sehen das beim Getreide und in Wald und Flur.«

Freilich wuchs sie nicht, denn manches wächst eben *nicht.* »Er soll Hans heißen«, sagte der Bauer. »Dieser Name ist unauffällig, man wird ihn nicht so sehr beachten und auch nicht hänseln, Stehhaare und eine Igelnase sind schon genug für einen Menschen. Eltern sollten immer darüber nachdenken, welchen Namen sie ihrem Kind geben. Er bleibt ein Leben lang und kann das Kind zum Narren machen.«

So ein Bauer muß ja nicht immer dumm sein. Schon gar nicht heutzutage. Er kann Zeitungen lesen, Radio hören und hat nicht allzuviel Zeit zum Fernsehen.

Freilich benahm sich Hans mein Igel auch ein wenig merkwürdig. Mal saß er ganz still, dann aber lief er wieder sehr schnell. Wie ein Igel halt.

In der Schule wurde er nicht gehänselt, denn da sahen sehr viele merkwürdig aus, ja, jeder bemühte sich sogar, besonders auffällig auszusehen, und man nahm an, er sähe mit Absicht aus wie ein Igel. Als seine persönliche Note sozusagen. Eine Art Punker oder so.

Wenn die Eltern an seine Zukunft dachten, sagte der Bauer: »Studieren soll er nicht. Die Leute studieren alle so lange, bis sie so dumm sind, daß sie nicht einmal eine Erbsensuppe aus der Tüte kochen können.«

Dem Bauern fiel nichts Rechtes ein, doch als er einmal in die Stadt fuhr, fragte er Hans mein Igel, ob er etwas für ihn erledigen solle oder ihm etwas mitbringen könne.

Hans mein Igel sagte: »Bring mir doch bitte eine Mundharmonika. Modell Harper zwo, a-Moll gestimmt.«

Der Bauer mußte sehr lange suchen, bis er eine solche fand.

Aber dann, als Hans mein Igel darauf spielte, schmolz sowohl dem Vater als auch der Mutter das Herz vor Glück im Leib, denn auch Bauern lieben die Musik, und sie weinten vor Freude.

»Is doch schietigol, Frau, wie er aussieht. Wenn er *so* spielen kann, is alles schietigol.« Denn genau so hatte er sich seinen Sohn gewünscht. Er sollte etwas können. Geige spielen vielleicht, irre fliegen oder halt Mundharmonika spielen.

Es sprach sich herum, wie Hans mein Igel Musik machte.

Leute aus der Stadt, die in der Umgebung Bauernhäuser gekauft hatten, weil sie die Landluft für gesund hielten, kamen, um ihn zu hören. Und so blieb es nicht aus, daß ein Mann mit einem flachen Kopf und einer Hornbrille, der beim Fernsehen einen guten Posten hatte, ihm einen Auftritt in einer Talkshow verschaffte.

»Mal einen Monat lang einmal pro Woche.«

Er spielte in den Pausen, die man einschieben mußte, weil sonst die Zuschauer das Gequassel nicht ertragen konnten und abschal-

teten. Und er spielte so wunderbar, daß viele Zuschauer die Talk-show nur einschalteten, um Hans mein Igel zu hören. Sie schalteten dann während dem Gequassel den Ton ab und erst wieder an, wenn Hans mein Igel im Bild war. Manche weinten vor Glück.

»Siehst du, Frau«, sagte der Bauer, »is wirklich schietigol, wie einer aussieht. Hauptsache, er spielt schön.«

Es blieb nicht aus, daß man Hans mein Igel bald in einem Film spielen ließ. Wo er auf einer Harry Davidson mit einem fetzigen Hut aus Leder und Sonnenbrille durch die australische Steppe dröhnte und seine Mundharmonika ihn begleitete. *War das ein Film, Leute!*

Nun hieß er natürlich nicht mehr Hans mein Igel. »Jo Eagle« – oder wie auch immer, nannte man ihn. Und ab da wollte jeder in unserem Land aussehen wie *er*, Jo Eagle.

Hans mein Igel war der Star dieser Zeit.

Jeder ließ sich die Haare wie ein Igel frisieren. Wer es sich leisten konnte, ließ sich die Nase nach oben operieren, wer nicht, der schlief mit dem Gesicht nach unten und drückte während der Nacht die Nase gegen das Lattenrostbett ohne Kissen. Und wer auf dem Bauch nicht gut schlafen konnte, band sich mit einem kleinen Brett die Nase hoch. Über Nacht, klar, am Tag nicht. Es muß ja nicht jeder wissen, was einer für seine Schönheit tut.

Man erfand Nasenfestiger, Tinkturen, welche die Nase dann in dieser Stellung festigen oder schrumpfen ließen.

Selbst Mädchen ließen die Haare und Nasen so herrichten, daß man sie nicht mehr als Mädchen erkannte. Man mußte auf ihre Füße schauen, um an der Schuhgröße zu erkennen, ob es Mädchen oder Jungen waren. Und die es nicht taten, wollten wenigstens einen solchen zum Mann. Oder Freund oder was.

Natürlich, natürlich wurden die Eltern von Hans mein Igel im Fernsehen interviewt, und sie erzählten, wie die Frau unbedacht diesen Spruch so vor sich hinsagte: »Und wenn's ein Igel wäre –«

Wie viele waren es nun, die sich das gleiche wünschten, doch es ging nicht mehr in Erfüllung. Keiner kennt den Hintergrund des Welttheaters, manches steht nicht von Natur aus fest, ist einmal so und dann wieder genau umgekehrt.

Als sie alt waren, verkauften der Bauer und seine Frau den Bauernhof an einen Mann aus der Stadt, der dort Bio-Käse machen wollte, und zogen nach Mallorca. Freilich hätten sie das Geld nicht einmal gebraucht. Denn Hans mein Igel konnte längst und ganz leicht ganz Mallorca kaufen. Als wär's eine Erbensuppe aus der Tüte.

Die Prinzessin mit der Laus

Es war einmal eine Prinzessin, die war sehr reinlich. So reinlich könnte man sagen, daß selbst mit einer Lupe kein Fleckchen auf ihr zu finden gewesen wäre. Was den Schmutz angeht. Und deswegen liebte sie ihr Vater sehr. Der König.

Nun hatte die Prinzessin eines Tages eine Laus. Und weil ihr Vater sie so sehr und natürlich alles an ihr und um sie und auf ihr genauso liebte, ließ er die Laus fangen. Und nicht töten.

»Legt sie in eine Schachtel aus purem Gold!« befahl er. Die stellte er auf einen Tisch aus purem Gold, der auf einem Teppich stand. Aus purem Gold. In einem Zimmer aus purem Gold, klar. »Und füttert sie reichlich, es soll ihr gelohnt werden, daß sie sich einen so vortrefflichen Nistplatz gesucht hat.« Auf seiner Tochter nämlich. Man versorgte die Laus und fütterte sie. Und fütterte sie. Und sie wuchs.

Man fütterte sie weiter, und sie wuchs und wuchs.

Sie bekam auch junge Läuse, auch diese wurden gut versorgt und gefüttert, wie der König es befohlen hatte.

Und sie alle gediehen prächtig.

Am größten freilich wurde die Mutterlaus.

Bald waren die Nachkommen so groß, daß man sie wie Pferde vor die Kutschen spannen konnte. Und bald war die Mutterlaus so groß, daß man Anfang und Ende, oben und unten nicht mehr sah, ohne eine Reise von etlichen Tagen machen zu müssen.

Und so vergaß man die Mutterlaus. Bäume wuchsen auf ihr, die Leute bauten Häuser. Der König starb, und auch seine reinliche Tochter lebt nun nicht mehr – nur die Laus, die wächst und wächst. Städte werden auf ihr gebaut, Wälder wachsen und werden abgeholzt, und längst weiß keiner mehr, worauf wir wohnen. Auf jener Riesen-Riesen-Mutterlaus nämlich.

Die Goldkinder

Es waren eimmal ein armer Mann und eine arme Frau, die hatten weiter nichts als eine Hütte. Der Mann war ein Fischer, aber er hatte nicht viel Glück beim Fischen. Jeden Tag fuhr er hinaus aufs Meer, noch ehe die Sonne aufging. Er warf sein Netz aus, ruderte mit aller Kraft, wurde naß wie ein Hund und fror bei der Kälte. Aber er fing kaum so viel, daß er und seine Frau leben konnten. In ihre Hütte regnete es herein. Sie hatten kaum Kleidung, nur das, was sie am Leibe trugen. Jeden Tag hatten sie Hunger.

Da geschah es eines Tages, daß der Fischer einen goldenen Fisch fing. Und auf einmal fing der Fisch an zu sprechen. »Wenn du mich wieder ins Wasser wirfst«, sagte er, »erfülle ich dir drei Wünsche. Wenn du mich nicht ins Wasser wirfst, hast du nicht viel an mir. Es lohnt sich nicht, mich zu essen, ich wiege kaum dreihundert Gramm. Und wenn du mich verkaufst, kannst du zwei Tage in Saus und Braus leben, aber dann ist es aus mit der Freude.«

Der Fischer wog ihn mit geübter Hand, überlegte, der Fisch hatte recht. Also wünschte er sich: »Zuerst ein Haus, das fest gebaut ist, niemals vom Sturm umgeweht wird und wo's nicht reinregnet. Auch groß genug und etwas schön.«

»Du bekommst ein Haus, so schön wie ein kleines Schloß«, sagte der Fisch, weil der Fischer so bescheiden war.

»Als zweites«, sagte der arme Mann, »immer genug zu essen und auch etwas guten Wein.«

»Soviel du nur essen kannst«, sagte der Fisch, weil der arme Mann so bescheiden war. »Und für alle deine Freunde und Gäste immer genug. Auch Wein im Keller, und zwar sehr guten.«

»Als drittes soll sich meine Frau etwas wünschen«, sagte der Fischer; denn er mochte seine Frau sehr gern.

»Dein Reichtum wird auch immer größer werden«, sagte der Fisch, und du wirst gar nicht merken, wie das geschieht. Aber du darfst niemandem, niemandem auf der ganzen Welt, sagen, woher das kommt, sonst ist alles vorbei.«

Dann warf der Fischer den goldenen Fisch wieder ins Wasser. Als er nach Hause kam, stand an der Stelle, wo die alte Hütte gewesen war, ein Haus, beinahe so schön wie ein Schloß.

Ringsherum blühten Blumen, und seine Frau kam ihm entgegen, trug neue Kleider und sah munter aus – wie bei ihrer Hochzeit.

»Woher kommt das Haus?« fragte die Frau.

»Du darfst mich nicht fragen, ich darf es nicht sagen«, sagte der Fischer, »aber es ist gut so.«

»Ich habe so einen Hunger«, sagte die Frau. »Hast du etwas gefangen?«

Da führte der Mann sie ins Haus. Sie machten einen Schrank auf, da war soviel zu essen drin, wie sie nur brauchten. Sie deckten den Tisch, und als sie satt waren, war in dem Schrank wieder soviel drinnen, wie sie nur brauchten. Im Keller war Wein, soviel sie nur wollten, und kein schlechter Wein.

»Woher kommt das alles?« fragte die Frau.

»Du darfst mich nicht fragen, ich darf es nicht sagen«, sagte der Fischer, »aber es ist gut so.«

Als sie dann nach dem Essen so gemütlich im Garten saßen, sprach der Fischer: »Und jetzt, Frau, darfst du dir etwas wünschen, es geht in Erfüllung.«

Die Frau überlegte nicht lange und sagte: »Ein Kind. Nein, zwei Kinder gleich. Aber schön müssen sie auch sein – Goldkinder, ich meine, aus Gold, reines, echtes Gold.«

Da bekam die Frau bald zwei Söhne, beide aus Gold.

Der Mann fuhr manchmal noch hinaus auf das Meer zum Fischen, denn er war gern Fischer. Es war ihm egal, ob er etwas fing oder nicht; denn zu Haus nahm sein Reichtum langsam, aber ohne Unterbrechung zu, keiner wußte woher.

Er fing nicht viel. Er saß am Tag bequem im Café, trank etwas Wein und rauchte, indes die Frau zu Hause Blumen pflanzte, und die beiden Goldkinder wuchsen. Kam er abends nach Hause, fragte ihn die Frau, woher das alles käme, so auf einmal.

»Du darfst mich nicht fragen, ich darf es nicht sagen«, sagte der Fischer, »aber es ist gut so.«

Als er es gar nicht sagen wollte und die Frau auch immer weniger zu arbeiten hatte, weil sie immer reicher wurden, wurde sie auch immer neugieriger. Kaum wachte sie früh auf, fing sie an zu fragen, woher denn das alles käme.

»Du darfst mich nicht fragen, ich darf es nicht sagen«, sagte der Fischer, »aber es ist gut so.«

Bald fragte die Frau dreimal am Tage und abends im Bett auch wieder. Der Fischer antwortete immer dasselbe. Die Frau wurde so neugierig, daß sie bald nichts anderes mehr sprach als die Frage, woher denn das alles käme.

Die Goldkinder wurden größer, aber sie hatten kein schönes Leben. In der Schule wurden sie von den anderen Kindern, die nicht aus Gold waren, in den Dreck geworfen und gegen die Erde gedrückt, damit sie auch schwarz und dreckig würden. Sie wurden geprügelt, weil sie so golden waren. Und weil die anderen in der Überzahl waren, konnten sie sich nicht wehren. Auf der Straße liefen ihnen die Leute nach. Jeder wollte sie fotografieren.

Von weit her kamen Leute angereist, um sie zu sehen. Es hing ihnen schon zum Halse heraus, daß sie aus Gold waren.

Aber die Mutter fragte immer weiter, woher denn alles käme.

Als der Mann es nicht sagen wollte, legte sie sich ins Bett und sagte: »Ich bin todkrank, ich werde sterben. Aber wenn du mir sagst, woher das alles kommt, werde ich wieder gesund.«

Doch das nutzte nichts. Der Fischer sagte: »Du darfst mich nicht fragen, ich darf es nicht sagen, aber es ist gut so.«

Die Frau aß nichts mehr, sah schon aus wie tot und sagte: »Morgen sterbe ich, erfülle mir noch einen Wunsch und sag mir vor dem Tod, woher das alles kommt!«

Doch der Fischer sagte es nicht.

Da stand die Frau auf, fing wieder an zu essen und war in drei Tagen gesund wie zuvor. Aber jetzt hatte der Mann die Hölle auf Erden; denn ununterbrochen, wo sie ihn auch immer sah, schrie sie ihn an: »Wenn du mir nicht sagst, verfluchter Kerl, woher das alles kommt, schlag ich dich tot. Ich hau alles zusammen, ich halte das nicht mehr aus.«

Und das immer und immer und jeden Tag und in der Nacht, wenn sie aufwachte.

Das hielt der Mann eines Tages nicht mehr aus, und er sagte es ihr. Und kaum hatte er's gesagt, war alles weg. Sie lagen in ihrem alten armseligen Bett in ihrer alten verfallenen Hütte, und auf dem Stuhl in der Stube auf dem Teller lagen noch zwei Erbsen von einst. Das einzige, was sie zu essen hatten.

Am nächsten Tag fuhr der Mann wohl wieder zum Fischen, doch er fing nichts und dann wieder nichts und wieder nichts, dann doch ein paar Fische, die kaum für eine Mahlzeit reichten. Und so ging das noch ein langes Leben lang, bis sie starben.

Allein für die beiden Kinder war es besser geworden, denn sie waren nun nicht mehr aus Gold. Man ließ sie in Ruhe, niemand war ihnen neidig, und sie wurden Fischer wie ihr Vater. Sie fuhren aufs Meer hinaus, fingen grad so wenig, daß sie nicht verhungern mußten, doch waren sie glücklicher als zu der Zeit, in der man sie nicht in Frieden ließ, weil sie aus Gold waren.

Und Frieden ist wohl besser als Gold.

Der starke Hans

Es waren einmal ein Mann und eine Frau, nein, ein Herr und eine Dame, die lebten in einer weißen Villa in einem Park, denn sie waren sehr reich. Sie hatten alles, was es für reiche Leute gibt, etliche Autos, etliche Köchinnen und Gärtner, etliche Fabriken, etliche Freunde und Freundinnen, etliche Schiffe, zwei Hunde, aber nur eine Insel in der Karibik und nur einen Sohn. Der hieß Hans und war fünf Jahre alt.

Sie behüteten ihn als ihren größten Schatz, nichts war ihnen lieber auf der Welt, und das wußte jeder. Es stand in den Zeitungen, zweimal sagte man es im Fernsehen, und dann, als sie einmal nicht zu Haus waren, schnitten zwei Männer ein Loch in eine Scheibe, brachen drei Türen auf und raubten ihn, den Hans.

»Wenn er ihr größter Schatz ist, dann werden sie uns alles andere geben, was sie so haben, wenn sie ihn wiederbekommen, ein totales Geschäft, Joe, hahaha«, sagte der eine noch, während sie Hans in einem Sack nach draußen trugen.

Sie schleppten ihn in ein einsames Haus in Italien, wo noch andere Ganoven waren. Hans störte sich nicht weiter an dem, was da geschah, sondern schlief in dem Sack seinen Schlaf zu Ende, um bei Kräften zu bleiben, denn was sollte ihm groß geschehen? Er hatte drei eigene Fernseher mit sechzehn Kanälen, wo er sich massig Filme, immer drei gleichzeitig, reinziehen konnte. Er wußte alles über Kraft und Schnelligkeit, Kidnapping, die Drogenmafia und Superman. Hatte alle Arten von Karate und Hammerschlag gelernt, den doppelten Nelson brachte er mit der Linken im Sitzen. Das meiste hatte er von Cool-Jack gelernt. Dem sah er auch am ähnlichsten.

»Na, wen bringt ihr denn da, Leute?«

»Den kleinen Brinkmann, hahaha. Pures Gold, Henry!«

Hans ließ sie reden. Er bewegte sich kaum in dem Sack, und weil die Ganoven fürchteten, er könnte darin gestorben sein, und das Geld für einen toten Hans wäre wohl etwas spärlicher ausgefallen, legten sie den Sack auf den Tisch. Einer band ihn auf und zog Hans heraus.

Wie Hans wußte, darf der Starke seine Kräfte nur dann einsetzen, wenn er sie wirklich braucht. Um sie zu schonen, klar. Ansonsten verhältst du dich cool wie Cool-Jack.

Er ließ sich auf den Tisch setzen, ließ sich dann auf dem Tisch aufstellen, und erst dann schlug er zu. Kurz und knapp. Er landete einen einfachen Hammerschlag mit vorläufig halber Kraft dem Anführer auf die Birne. Um ihn nicht zu töten. Ist doch nicht nötig. Der Mann blieb eine Woche unter dem Tisch liegen.

»Wa??« Der das sagte, stand neben ihm, dort also, wo jener zuvor gestanden hatte, nun aber unten auf dem Boden lag. Dabei ließ der, der das sagte, das Maul offenstehen, was Hans ihm mit einem Schwinger von unten her schloß. Wobei der besagte Ganove aus den Schuhen fiel und sich neben den anderen und zwei seiner Zähne legte, welche ihm zuvor aus dem Mund rollten.

Nun versuchte der dritte, der hinter Hans gesessen hatte, Hans mit einem Stuhl kampfunfähig zu machen, was ihm freilich nicht gelang, denn Hans legte seinen linken Arm quer in die Luft und fing den Stuhl ab. Dieser zerfiel in etliche Teile, welche durch die Luft wirbelten. Ein Bein traf den Ganoven, der nicht mehr saß – natürlich nicht, denn um den Stuhl zu packen, auf dem er gesessen hatte, mußte er aufstehen. Als sich ihm nun dieses Stuhlbein von vorn auf das Nasenbein legte, sah er erst einmal blau. Dabei schloß er die Augen, und diesen kurzen Augenblick konnte Hans nutzen, um ihm eine rechte Linke ans Ohr zu klemmen, was den Mann ganz benommen machte. Er schwankte, ging ein wenig in die Knie, fing sich aber sofort wieder, denn er war einst ein sehr guter Leichtathlet bei den Olympischen Spielen in Seoul gewesen, wo er

107

zwei Bronzemedaillen geholt hatte, aber dann in die Rauschgift-
szene geraten war. So sank er immer tiefer, so tief, daß er nun in der
Toskana in dem einsamen Haus hier auf kleine, üble Geschäfte
angewiesen war.

Er kam also wieder hoch, versuchte einen ganz dummen Hand-
kantenschlag zu landen, geriet aber bei Hans an den Falschen.
Handkantenschläge abfangen war seine Spezialität, da war er sogar
Cool-Jack überlegen.

Hans also blitzschnell mit der Linken hoch, der Ganove mit
seiner Rechten an Hansens eisenharte Linke. Schreit auf und
rennt, wie man noch nie einen rennen sah, hinaus und verschwin-
det in der Ferne zwischen den träumenden Olivenhainen. Am
Himmel leuchteten die Sterne in ihrer vollen Pracht und priesen
Gott den Schöpfer.

Drei außer Gefecht gesetzt. Es waren aber fünf. Zwei blieben
also übrig. Die hatten inzwischen begriffen, wen sie hier vor sich
hatten, versuchten ihre Kalaschnikows aus den Gewehrschonerhüllen zu packen, um Hans wegzupusten.

Was natürlich falsch war.

Natürlich, denn die Gewehrschonerhüllen haben jeweils dreizehn Druckknöpfe und je zwei Schnallen, dafür brauchen selbst
geübte Ledernacken heutzutage noch genau elf Minuten. Unnötig
zu sagen, wozu Hans diese elf Minuten nutzte: Er ging langsam
und total cool auf die Jungs zu, zog sich den einen herauf auf den
Tisch, beutelte ihn zehn-, zwölfmal ein wenig durch, so daß ihm
alles aus der Nase fiel, was sich in den Jahren dort an Staub gesammelt hatte, und dann zog er ihn von rechts nach links und von
links nach rechts dem anderen so oft durch den Bart, daß der alles
vergaß, was er jemals vorher gewußt hatte. Er schüttelte mit dem
Kopf und verstand nicht mehr, was hier geschah und gar, wo er
sich befand.

Hans ließ ihn gehen, denn der Starke kann seine Gegner groß-

109

zügig behandeln. Der ging langsam hinaus, und weil er in der Nähe wohnte, trottete er zu seiner Mutter.

Als die ihn fragte, wo er gewesen sei, sagte er: »Bei Heinz.«

Natürlich Quatsch, denn Heinz wohnt nicht in dieser Gegend. Total matte Leinwand, der Mann hatte kein Licht mehr auf der Birne, armer Hund.

Nun gut, halten wir uns nicht länger bei diesem kleinen Zwischenfall auf. Hans ging in den Hof des einsamen Hauses, wo ein Haufen pottverdammter, schneller Kisten stand, den Ferrari hätte er gut nehmen können. Den kannte er, jede Schraube war ihm vertraut wie eine eigene Schwester, denn sein Vater hatte zwei davon im Rennstall. Er zog die Nase hoch, gähnte. War doch gar nicht nötig, wenn er an den lahmen Straßenverkehr am Brenner sogar nachts um diese Zeit dachte, ging ihm schon allein der Gedanke voll auf den Geist.

Er ging langsam zur nächsten Zypresse, kletterte leichtfüßig von Ast zu Ast und bog den Gipfel zur Erde. Er hielt ihn mit links, stieß sich von der Erde ab, und der biegsame, gefügige Baum schleuderte ihn in den herrlichen, sternenbeleuchteten, toskanischen Himmel hinaus. Superman. Mein Gott, was für eine wunderbare Nacht!

Nur mußte er auf den Wind achten, sich anpassen und den Flugzeugen ausweichen, sich hier und da auch einordnen. Dabei waren die kleineren Einmotorigen gefährlicher als die Düsis, denn du siehst sie ja erst immer, wenn sie dir schon voll auf der Jacke kleben. Fliegen da oben herum ohne Sinn und Verstand, wirr durcheinander.

Er kam gegen halb acht zu Haus an und konnte noch eine ganze Stunde schlummern.

Flöhchen und Läuschen

Es waren einmal eine Laus und ein Floh, die wohnten zusammen in einer Stube. Einmal in der Morgenfrühe hatte die Laus ihren Strumpf verloren und fing sofort an zu weinen.

»Was weinst du?« fragte der Floh.

»Da soll ich nicht weinen, ich habe meinen Strumpf verloren, Himmelhöllewelcheinjammer«, heulte die Laus.

Da fing auch der Floh an zu weinen.

Das hörte die Tür und fragte: »Was weinst du, Flöhchen?«

»Da soll ich nicht weinen?« sagte der Floh. »Das Läuschen hat seinen Strumpf verloren und weint auch, Himmelhöllewelcheinjammer.«

Da fing die Tür auch an zu weinen.

Das hörte der Besen und fragte: »Was weinst du, Tür?«

>»Da soll ich nicht weinen?
Das Läuschen hat sich die Pfote verbrannt
   und weint auch.
Und das Flöhchen weint auch.
Himmelhöllewelcheinjammer!«

Da fing auch der Besen an zu weinen.

Das hörte der kleine Handwagen und fragte: »Was weinst du, Besen?«

>»Da soll ich nicht weinen?
Das Läuschen hat sich die Pfote verbrannt
   und weint auch.
Und das Flöhchen weint auch.
Und die Türe weint auch.

Und der Besen weint auch.
Himmelhöllewelcheinjammer.«

Da fing der kleine Handwagen auch an zu weinen.
Das hörte der Apfelbaum und fragte: »Was weinst du, kleiner Handwagen?«

»Da soll ich nicht weinen?
Das Läuschen hat sich die Pfote verbrannt und weint.
Das Flöhchen weint auch.
Und die Türe weint auch.
Der Besen weint aber auch.
Und der kleine Handwagen weint auch.
Jetzt wein ich auch.
Himmelhöllewelcheinjammer.«

Da fing der Apfelbaum auch an zu weinen.
Das hörte der kleine Wurm auf dem Baum und fragte: »Was weinst du, Apfelbaum?«

»Da soll ich nicht weinen?
Das Läuschen hat sich die Pfote verbrannt und weint.
Und das Flöhchen weint auch.
Und die Türe weint auch.
Und der Besen weint auch.
Und der kleine Handwagen weint auch.
Und ich weine auch.
Himmelhöllewelcheinjammer.«

Da fing der kleine Wurm auch an zu weinen.
Das hörte das kleine Mädchen und fragte: »Was weinst du, kleiner Wurm?«

113

»Da soll ich nicht weinen?
Das Läuschen hat sich die Pfote verbrannt
    und weint.
Das Flöhchen weint auch.
Und die Türe weint auch.
Und der Besen weint auch.
Und der kleine Handwagen weint auch.
Und der Apfelbaum weint auch.
Und ich weine auch.
Himmelhöllewelcheinjammer.«

Da fing das kleine Mädchen auch an zu weinen.
    Da fragte die Wolke: »Was weinst du?«

»Da soll ich nicht weinen?
Das Läuschen hat sich die Pfote verbrannt
    und weint.
Das Flöhchen weint auch.
Die Türe weint auch.
Der Besen weint auch.
Der kleine Handwagen weint auch.
Der Apfelbaum weint auch.
Der kleine Wurm weint auch.
Jetzt wein ich auch.
Himmelhöllewelcheinjammer.«

Und weil alle weinten, fingen auch die Wolken an zu weinen, und
es regnete und regnete, bis die ganze Welt versoff. Himmelhöllewelcheinjammer. Und das alles nur, weil die Laus einen Strumpf
verloren hat.

114

Der gestiefelte Kater

Ein Mann hatte drei Söhne, fünf Fabriken, siebenundzwanzig Häuser und Autos und Landbesitz und Seen und Wälder. Und dann starb er.

Das Erbe wurde verteilt an zwei seiner Söhne. Der dritte Sohn bekam nichts, denn seine Mutter war nicht die Gemahlin des Reichen, sie war nur das Dienstmädchen.

Der älteste und der zweite Sohn hatten oben im Haus des Mannes gelebt, der jüngste Sohn unten im Haus des Gärtners, zusammen mit seiner Mutter. Wenn der Vater zu seinen Lebzeiten durch den Park gefahren war und sein Sohn ihm das Tor öffnete, hatte er ihn oft gegrüßt, indem er zweimal hupte. Der jüngste Sohn hieß Hans.

Da nun der Mann tot war, bekam der älteste Sohn die eine Villa im Park, in der er wohnte, und er bekam drei Fabriken, vierzehn Häuser, dreizehn Autos, etliches Land und Wälder und Seen.

Der zweite Sohn bekam die zweite Villa und den Rest.

Das war etwas weniger, als der erste bekommen hatte, doch der erste war der ältere.

Und jeder der beiden Söhne bekam sehr viel Geld.

Hans aber bekam fast nichts. Er bekam nur das Wohnrecht auf Lebzeit in einer Stube im Haus des Gärtners, mietfrei, einschließlich Heizung für den Ofen. Dazu drei bescheidene Mahlzeiten wie etwa: Brot mit Margarine zum Frühstück, Kartoffeln und Quark zu Mittag und zum Abendbrot Brot mit Wurstaufschnitt. Außerdem alle fünf Jahre einen neuen Anzug mit Hut, ebenfalls mittlerer Qualität. Und außerdem einen gestiefelten Kater, als ob sie ihn obendrein noch verhöhnen wollten.

Da saßen sie nun: der erste Sohn oben im Park in der neuen Villa, der zweite oben im Park in der alten Villa, und Hans

115

saß unten auf der Bank mit seinem gestiefelten Kater und ärgerte sich.

»Essen auf Lebzeit, pffff, da pfeif ich doch drauf«, sagte er. »Und einen Kater, aus dem ich mir bestenfalls im Winter einen Nasenwärmer aus Katzenfell mit Gummizug machen lassen kann. Und sonst nichts!«

»Gräme dich nicht, Kamerad«, sagte der Kater, »denn du hast den besten Teil geerbt und obendrein noch mich.«

»Obendrein noch dich? Da kann ich nur lachen. Reich sein ist besser.«

»Ich werde dir zeigen, was Reichtum taugt«, sagte der Kater. »Nimm deine Mütze und komm mit!«

Hans nahm seine Mütze und ging mit dem Kater durch den Park hinauf zu der Villa des älteren Bruders.

»Wenn *du* wenigstens reich wärst«, sagte Hans zum Kater.

»Ich bin reicher als reich«, sagte der Kater, »denn ich *brauche* nicht reich zu sein. Und das ist mehr. Obendrein bin ich noch lustig. Und gesund.«

»Wenn du wenigstens zaubern könntest.«

»*Ein* Kunststück kann ich, und zwar vorwärts und rückwärts. Ich kann dich in ein Goldäuglein verwandeln, das ist vorwärts. Und dann wieder rückwärts, zurück in einen Menschen.«

»Was ist ein Goldäuglein?«

»So eine kleine Motte mit goldenen Augen.«

»Interessiert mich nicht.«

Als sie hinter der Villa des älteren Bruder standen, verwandelte der gestiefelte Kater Hans in ein Goldäuglein und sagte: »Und jetzt flieg hinauf! Flieg in den ersten Stock, dort ist dein Bruder, und sieh dir an, was der Reichtum taugt. Aber laß dich von keinem Vogel fressen, Hans!«

Hans flog nach oben, setzte sich auf die Gardine und fand seinen Bruder voller Wut. Er ging hin und her, war grün und gelb, hatte

116

Magenschmerzen und keine Lust zu essen, brüllte die Köchin an, schimpfte auf seine Frau; denn er ärgerte sich, weil das schöne, große Vermögen seines Vaters jetzt in zwei Hälften geteilt worden war.

»Und soll ich dir sagen, wieviel Erbschaftssteuer sie mir abgeknöpft haben, hä?! Fünf M-i-ll-i---onen, verflucht!« Er riß an der Gardine. Gott sei Dank! an der anderen, wo Hans nicht saß.

»Und willst du wissen, wer den Wald mit den zwei kapitalen Hirschen bekommen hat, na? Dann rate mal! Knut, der Blödkopp, der schon über seine Flinte stolpert, wenn er aus dem Wagen steigt. Bring mir die Magenpillen!«

Knut war sein Bruder.

Hans flog zurück.

Der gestiefelte Kater schickte ihn nun in die andere Villa, wo Knut wohnte. Knut hatte sich besoffen, denn er ärgerte sich, daß er weniger geerbt hatte als sein Bruder.

Im Suff weinte er wie ein Hund. Dann zerschlug er Gläser, warf beim Essen Knödel an die Wand, jammerte über die teuren Tapeten, die er nun neu machen lassen mußte…

»Hast du gesehen, was Reichtum taugt?« fragte der Kater.

»Ja, aber sie hätten mir doch wenigstens ein Auto vererben können. Weißt du, was meine Traummarke wäre? – Jaguar. Spitze Zweihundert. Einspritzpumpe und Doppelvergaser, elektronisch.«

»Komm, Kamerad, ich werde dir zeigen, was ein Traumauto taugt«, sagte der Kater, und damit sie schneller vorankamen, verwandelte er Hans nicht zurück in einen Menschen, sondern nahm das Goldäuglein in die Pfote und rannte mit ihm hinunter in die Stadt.

Sie mußten lange suchen, bis sie einen Jaguar fanden. Fünf gab es im Umkreis von zweihundert Kilometern. Einen fanden sie schließlich. Er gehörte Herrn Sawatzki.

Als Herr Sawatzki mit seinem Jaguar kam, sagte der Kater: »Flieg du vor, setz dich hinter ihn. Ich komm schon nach! Aber paß auf, daß dich kein Vogel frißt, Hans!«

Hans saß auf der Rückenlehne. Frau Sawatzki stieg auch ein.

Zündschlüssel, Anlasser, etwas Gas, Rückwärtsgang, Vorwärtsgang – und der Motor lief wie eine Eins.

»Wir müssen um drei dort sein, Günter«, sagte Frau Sawatzki. »Fahr doch bitte schneller!«

»Schneller, schneller, bist du verrückt? Du siehst doch, am Motor stimmt etwas nicht. Er singt.«

Dritter Gang, zweiter Gang, dritter, vierter...

»Wird nichts«, sagte Herr Sawatzki, »wir müssen zurück in die Werkstatt. Das ist schnell gemacht, zehn Minuten. Wir kommen zurecht, die Kiste rennt ja zweihundert.«

»Fahr doch in den nächsten Ort!«

»Nächsten Ort, nächsten Ort! Als ob du nicht wüßtest, daß es nur *eine* Werkstatt im Umkreis von vierhundert Kilometern für so einen Wagen gibt. Aber dafür hat auch nicht jeder einen Jaguar!«

Sie fuhren zurück. Der Mechaniker feilte an einem Stück Eisen herum, sagte: »Gleich« und feilte weiter.

Nach einer Stunde ging er Mittag essen.

Die Frau sagte: »Der läßt uns warten und warten. Nun sag doch was! Wer bist du denn? Reg dich doch auf! Bei dem teuren Wa...«

»Bist du gleich ruhig, verflucht!« Herr Sawatzki zischte leise. »Wenn das der Mann hört, kann ich mir meinen Jaguar an die Hose schmieren, dann repariert er ihn überhaupt nicht.«

»Dann geh doch woandershin!«

»Den Vergaser kann nur er einstellen. Überhaupt geht dich das einen Dreck an, du kannst ja zu Fuß gehen, wenn es dir nicht paßt.«

119

Nach drei Stunden standen der Herr Sawatzki und seine Frau noch vor dem Tor. Nach vier Stunden beschloß Herr Sawatzki, sich scheiden zu lassen, und um diese Zeit etwa nahm der gestiefelte Kater das Goldäuglein wieder in die Pfote und lief mit ihm weiter.

»Hast du gesehen, was ein Traumauto taugt?« fragte der Kater.

»Ja, aber sie hätten mir wenigstens ein kleines Haus vererben können. Auch ohne Geld, nur ein kleines Haus, wo ich bequem wohnen könnte.«

»Dann werde ich dir zeigen, was ein Haus taugt«, sagte der Kater und lief mit Hans zu irgendeinem Haus.

Ein Mann saß auf dem Dach, legte Dachpfannen und fluchte; denn es hatte hereingeregnet, hatte ihm die Möbel beschädigt. Und kalt war es.

»Telefon für dich!« rief seine Frau von unten.

Hans flog ihm nach in die Wohnung.

»Aber paß auf, daß kein Vogel dich frißt, Hans!«

»Im Keller ist ein Rohr kaputt«, sagte die Frau. »Und der Gerichtsvollzieher war hier, dreitausend Mark Straßenanliegerkosten sind fällig. Sie haben auch die Steuern erhöht. Die Nachbarn sagen, wenn du das Unkraut nicht schneidest, verklagen sie uns, denn der Unkrautsamen wird vom Wind in ihren Garten geweht. Manchmal denk ich mir, wir müßten wegziehen, in eine Gegend, wo immer die Sonne scheint.«

»Sonne scheint«, sagte der Mann. »Und was wird aus dem Haus? Willst du das vielleicht mitnehmen? Ein Haus ist ein Haus, da kannst du nicht mehr weg. Sie können dich immer pfänden.« An dieser Stelle flog Hans wieder hinaus.

»Hast du gesehen, was ein Haus taugt?« fragte der Kater.

»Ja, aber sie hätten mir doch wenigstens für jeden Tag Essen in Hülle und Fülle vererben können. Alles, was mir einfällt, bestens gekocht, und soviel ich will.«

121

»Dann werde ich dir zeigen, was Essen in Hülle und Fülle taugt.«

Der Kater nahm das Goldäuglein in die Pfote und lief mit ihm zum teuersten Restaurant in der Stadt.

Er ließ Hans hineinfliegen und rief noch: »Aber paß auf, daß kein Vogel dich frißt, Hans!«

Da saß am ersten Tisch ein Mann mit seiner Frau und seinen vier Töchtern. Sie hatten bestellt, was sie nur wollten. Die Töchter langweilten sich, kaum eine aß etwas. Dieses war zu kalt, und das war zu warm, von dem gab es zuviel, und was zu salzig war, wurde reklamiert.

Der Mann merkte nicht, was er aß; denn er mußte im Kopf rechnen. »Fünftausend ist zu wenig, aber wenn ich dreißig Prozent bekäme…« Die Frau war verärgert, weil ihr Mann ihr nicht zuhörte.

Und am nächsten Tisch saß ein einsamer Mann, zwei Zentner Lebendgewicht und Magenschmerzen. Er trank Mineralwasser. Alles, was auf der Karte stand, hatte er schon hundertmal gegessen.

Überall, wo Hans hier hinflog, waren die Leute mißmutig.

Der gestiefelte Kater trug ihn zurück auf die Bank vor dem Gärtnerhaus, verwandelte ihn zurück in einen Menschen.

Hans blieb nun mit seinem Kater Jahr um Jahr zusammen. Sie wohnten in der kleinen Stube. Alle fünf Jahre bekam Hans einen neuen Anzug mit Hut, jeden Tag etwas zu essen.

Der älteste Bruder starb an Herzinfarkt, der zweite wurde aus Versehen auf der Jagd erschossen, Hans aber lebte lange und ohne Kummer. Er war gesund, lag auf der Bank vor dem Gärtnerhaus, und manchmal ließ er sich vom gestiefelten Kater in ein Goldäuglein verwandeln, ließ sich vom Wind ein Stück tragen und bewegte nicht einmal einen Flügel dabei.

Das elektrische Rotkäppchen

Es war einmal eine süße elektrische Dirn, die hatte jedermann elektrisch lieb, am liebsten aber ihre elektrische Großmama; sie wußte gar nicht, was sie alles dem Kind geben sollte. Einmal schenkte sie ihm ein elektrisches Käppchen von rotem Samt. Und weil es ihm gar so gut stand, daß es gar nichts anderes mehr tragen wollte, hieß es das »elektrische Rotkäppchen«.

Da sagte einmal seine elektrische Mutter zu ihm: »Komm doch mal her, elektrisches Rotkäppchen! Hier hast du ein Stück elektrischen Kuchen und eine elektrische Flasche mit elektrischem Wein, die bring der elektrischen Großmutter hinaus. Sie ist krank und schwach und soll sich damit ein bißchen elektrisieren. Aber gib schön acht, daß du nicht vom Weg abkommst, sonst verbiegst du dir deinen Draht! Nun geh schon!«

Sie schaltete ihr Kind an, gab ihm einen Schubs, und das elektrische Rotkäppchen machte sich auf den elektrischen Weg.

Nun wohnte die elektrische Großmutter aber eine elektrische Stunde weit hinter dem elektrischen Märchenwald. Im elektrischen Märchenwald begegnete dem elektrischen Rotkäppchen auf einer elektrischen Lichtung der elektrische Wolf. Das elektrische Rotkäppchen wußte nicht, was für ein fürchterlicher und gemeiner Elektrisierer er war, und es fürchtete sich nicht vor ihm.

»Guten Tag, elektrisches Rotkäppchen!« sprach er. »Wo willst denn du so früh hinaus?«

»Zur elektrischen Großmutter, ihr etwas elektrischen Kuchen und elektrischen Wein bringen. Sie soll sich daran etwas elektrisieren. Das wird ihr guttun.«

»Wo wohnt denn deine elektrische Großmutter?« fragte der elektrische Wolf.

123

Das Rotkäppchenspiel· Wer das Rotkäppchenspiel weiterspielen will, muß vor jedes Wort, wo es paßt, ein Eigenschaftswort setzen. Zum Beispiel »viereckig«. Dann geht es so weiter: »Es war einmal eine süße viereckige Dirn, die hatte jedermann viereckig lieb, am liebsten aber ihre viereckige Großmama...« und so weiter. Oder »chinesisch«: »Es war einmal eine süße chinesische Dirn, die hatte jedermann chinesisch lieb...« Und so weiter. Oder »kariert«, oder »durchsichtig«. Aber man kann auch Wörter erfinden, die es nicht gibt, zum Beispiel »moralide«...

»Eine elektrische Stunde weit weg«, antwortete das elektrische Rotkäppchen, »hinter den großen Elektroleitungen, du wirst das ja wissen.«

»Hör, Rotkäppchen«, sprach der elektrische Wolf, »hast du die elektrischen Lampen im Wald nicht gesehen? Hast das schöne Summen und Simmen nicht gehört? Geh vom Weg ab! Du wirst sehen, wie schön elektrisch das alles ist.«

Das elektrische Rotkäppchen schlug die Augen auf und sah, daß es stimmte, was der elektrische Wolf gesagt hatte. Und er drehte es etwas nach links, und so wich es vom Weg ab und ging in den elektrischen Märchenwald hinein. Es elektrisierte sich an den schönen elektrischen Lampen, bis es fünf Uhr war.

Inzwischen aber kam der elektrische Wolf zum elektrischen Haus der elektrischen Großmutter und sprach elektrisch: »Mach mir auf, elektrische Großmutter, ich bin das elektrische Rotkäppchen und soll dir elektrischen Kuchen und elektrischen Wein bringen, damit du dich daran schön elektrisieren kannst.«

»Drück nur auf den elektrischen Knopf«, sprach die elektrische Großmutter. Und als der elektrische Wolf das getan hatte, ging die Tür elektrisch auf.

Er ging hinein und fraß die elektrische Großmutter auf. Er setzte sich ihr elektrisches Nachthäubchen auf, zog sich ihr elektrisches Nachthemd an und legte sich elektrisch ins Bett. Er zog elektrisch die Vorhänge zu, und als das elektrische Rotkäppchen kam und der elektrischen Großmutter die elektrischen Geschenke brachte, sah es in der elektrischen Stube so seltsam aus. Das elektrische Rotkäppchen sprach: »Ei, wie ist mir so seltsam elektrisch zumute. Ich kam doch sonst immer so gern zur elektrischen Oma!«

Sie kam näher, zog elektrisch den Vorhang zur Seite und sprach: »Ei, elektrische Großmama, was hast du heute für elektrisch große Ohren?«

»Damit ich dich besser hören kann«, antwortete der elektrische Wolf.

»Aber was hast du für eine elektrisch große Nase?«

»Damit ich dich besser riechen kann.«

»Und was hast du für elektrisch große Augen?«

»Damit ich dich besser beleuchten kann.«

»Aber du hast auch so einen elektrisch großen Mund!«

»O ja«, sagte der elektrische Wolf, sprang aus dem Bett und fraß das elektrische Rotkäppchen auf. Dann legte er sich wieder hin und fing an, elektrisch zu schnarchen.

Zufällig kam der Elektriker des Weges. Der hörte das elektrische Schnarchen draußen und sprach zu sich: »Warum schnarcht die elektrische Großmutter nur so laut, sie wird doch wohl keine elektrische Störung in der Röhre haben!«

Er drückte die elektrische Klinke herunter, ging in das elektrische Haus und fand den elektrischen Wolf im elektrischen Bett. Da nahm der Elektriker sein elektrisches Werkzeug, klemmte dem elektrischen Wolf den Strom ab und löschte ihm das elektrische Leben aus. Dann schraubte er ihn auseinander und fand in seinem Bauch die elektrische Oma und das elektrische Rotkäppchen und befreite sie.

Da waren die beiden aber froh. Sie teilten mit dem Elektriker ihren elektrischen Wein und den elektrischen Kuchen und verspeisten alles zusammen. Dann nahm der Elektriker das elektrische Rotkäppchen mit, begleitete es noch ein kleines elektrisches Stück Wegs, und es ging zurück durch den elektrischen Wald zu seiner elektrischen Mutter. Und es ging zeit seines Lebens nie, nie wieder von seinem elektrischen Weg ab, um elektrische Lampen zu besichtigen, und deswegen lebte es noch sehr lange.

Und wenn es nicht gestorben ist, dann lebt es auch noch heute.

Die sieben Raben

Es war einmal eine Frau, die wünschte sich viele Kinder. Doch das Wünschen nutzte ihr nichts, sie bekam nicht einmal eines. Einmal sagte sie leichtfertig, als sie am Friedhof vorbeikam und die Raben so fröhlich in der Luft herumfliegen sah: »Und wenn es Raben wären, ich wäre des zufrieden.«

Manchmal nutzt das Wünschen nichts, manchmal aber doch. Und nun nutzte es doch noch, denn bald also sollte sie ein Kind bekommen. Sie erzählte es allen Leuten, häkelte hellblaue Kinderwäsche, denn sie hätte gern einen Sohn bekommen. Warum ausgerechnet einen Sohn, wir wissen es nicht, manche Mutter hat gern Söhne, andere lieber Töchter.

Und dann bekam sie das Kind. Es war wohl ein Sohn, *aber es war ein Rabe*. Ein Rabensohn.

Nun, sie war nicht undankbar, erinnerte sich auch an ihren leichtfertigen Spruch und schaukelte das Kind – also den Raben –, als wär's kein Rabe. Sie fütterte ihn, fuhr ihn im Kinderwagen herum, und wenn sie jemand grüßte: »Guten Tag, guten Weg, Frau Umsum, wie geht es dem Kind?«, dann sagte sie: »Recht gut, recht gut, es hat pechschwarze Haar, was für ein Glück. Pechschwarze Haar, wie ein Italiener. Mein Mann ist Italiener, selbstverständlich. Urgroßmütterlicherseits. Stammbaummäßig also, nicht wahr!«

Sie wartete vergeblich auf die ersten Zähnchen, die kamen nicht, denn dem Raben wuchs – wie es auch sein muß – ein kleiner Schnabel. Ein Schnabel braucht keine Zähne.

Kaum flog er herum, sollte sie wieder ein Kind bekommen, und man kann es sich denken, es war wieder ein Rabe. Wieder war die Frau nicht undankbar und freute sich, als sei es ein Mensch, und mit der Zeit gewann sie Raben dann auch viel lieber als Menschen.

Und meinte, sie sei doch froh, daß es Raben wären. Mutterglück kann alles verschönen. Und so bekam sie auch noch ein drittes Kind.

Einen Raben, natürlich, das muß nicht extra gesagt werden. Alles war wie bei den zwei ersteren. Sie fütterte sie, hätte sie am liebsten mit Gold bekleidet und sagte den Leuten: »Schwarze Haare hat's. Schön, nicht wahr?«

Nun denn, sie bekam im ganzen sieben solche.

Alle waren Raben, alle hatten schwarze Haare, und alle hatte sie recht lieb.

Nur war sie des Zaubers allmählich müde und versuchte es noch einmal, ging zu der gleichen Stelle und wünschte sich dort bei diesem Friedhof: »Nun einmal eine Tochter, bitte.«

Töchter sind selten Raben, und so half der Zauber dieses Mal wiederum. Sie bekam als achtes Kind eine Tochter.

»Herrjemine«, sagte die Frau, »herrjemine, welch ein Glück«, und war sehr glücklich.

Nur die Raben benahmen sich nicht so recht ordentlich. Sie zankten sich und krächzten, so daß die arme Frau, wollte sie zum Beispiel im Autobus nach Mönkedorf fahren, ihre Schwester zu besuchen, zu Fuß gehen mußte, weil der Fahrer sie nicht hereinließ. »Vogelpack wird bestenfalls im Käfig befördert, niemals frei fliegend. Und wenn die fliegen können, wozu sollen sie dann fahren? Nein, nix da, gute Frau.«

Man muß erwähnen, daß sie auch den Fahrgästen die Kleider bekackten, mit Verlaub gesagt.

Als sie in die Schule gehen sollten, gab der Lehrer der Frau den Rat, sie doch in die Vogelschule zu schicken. »Oder vielleicht in die Häschenschule, man weiß es nie, eventuell duldet man sie dort. Hasen oder Raben, kommt doch nicht darauf an.«

Nahm sie die Kinderchen mit in die Kirche, dann stockte der Pfarrer mit seiner Predigt so lange, bis sie wieder verschwanden.

Nun muß man aber auch sagen, daß er sowieso nicht hätte weiterreden können. Die Lümmel krächzten ja zum Gotterbarm'.

In ihrer Not versuchte die Frau den Zauber noch einmal, ging zu dem Friedhof und sagte: »Ach, wären die Raben doch Knaben.«

Und wieder nutzte der Zauber. Keiner kann sagen, warum so ein Zauber manchmal in Erfüllung geht und manchmal nicht.

Sie kam nach Haus und sah, wie die Rabenknaben sich gegenseitig die Federn ausrupften, bis sie nackt waren.

Da aber waren sie Knaben.

Nun mußte die Frau ihnen Kleider kaufen. Sommerwäsche, Winterwäsche, Hosen, Hemden, Socken, Schuhe, wir wollen es gar nicht alles aufzählen. Nun nahm man sie auch in die Schule auf und ließ sie im Autobus fahren. Doch die Lümmel benahmen sich genauso wie zuvor. Wie die Rabenviecher. Obendrein prügelten sie die Schwester, kurzum, die Frau hatte keine rechte Freude mit diesem Lumpenpack. Sie benahmen sich wie Rabenpack, nur brauchten sie jetzt Kleider, aßen das Zehnfache und brauchten Fahrgeld für den Autobus, weil sie nicht mehr fliegen konnten. Das konnte die Frau bald nicht mehr ertragen. Da sie nun aber inzwischen an den Zauber glaubte, machte sie sich keine großen Sorgen, ging wieder zu dem Friedhof und sagte: »Ach, wären diese Knaben doch endlich wieder Raben.«

Leider ging der Wunsch nun nicht mehr in Erfüllung, denn wie wir schon wissen, wirkt ein Zauber nicht immer. Sooft sie dort auch hinging und ihren Spruch aufsagte: Es half nichts. Die Knaben blieben Knaben und ein rechtes Lumpenpack.

Zum Glück hatte die gute Frau wenigstens eine Tochter. Und die machte ihr wenigstens recht, recht viel Freude.

Vom Schreiner und Drechsler

Ein Schreiner und ein Drechsler sollten ihre Meisterstücke machen. Der Schreiner machte einen Tisch, der war solide und fest, war gut geleimt, hielt drei dicke Männer aus, die sich hätten draufsetzen können, und die Schublade hatte zwei Fächer und ging wie geölt ohne Quietschen. Der Drechsler hatte Flügel gemacht.

Als die beiden nun vor die Kommission mußten, besahen sich die Herren also den Tisch und sagten: »Hm. Ein gewöhnlicher Tisch. Fällt nichts daran auf. Ist das alles?«

»Er steht fest wie eine Eiche auf dem Feld«, sagte der Schreiner. »Bitte, setzen sich die hohen Herren doch einmal darauf!«

»Danke, ist schon in Ordnung so«, sagte die Kommission. »Wird wohl so stimmen. Aber ist das alles?«

»Ist kolossal geleimt«, sagte der Schreiner. »Bitte, wollen Sie drei Pferde an jede Seite spannen und ihn auseinanderzureißen versuchen!«

Pferde gab es zu dieser Zeit nicht mehr viele.

Sie hätten auch erst geholt werden müssen, hätte es welche gegeben, und so sagte einer der Herren: »Ist schon in Ordnung, das sehe ich so. Also fest ist er auch. Aber ist das alles?«

»Nein«, sagte der Schreiner. »Wollen die hohen Herren den Tisch bitte ins Wasser legen. Er schwimmt auch.«

Wasser war keines in der Nähe, auch hätte die Kommission sich genäßt, und so sagten sie: »Ist gut. Also schwimmen kann er auch, aber das ist sowieso logisch, ist ja Holz. Aber ist denn das alles?«

»Na ja«, sagte der Schreiner, »das Holz ist schön gleichmäßig, hat keine Astlöcher, die Schublade quietscht nicht, und mehr können Sie von einem Tisch wirklich nicht verlangen.«

»Er hat recht«, sagte die Kommission, »Meisterprüfung bestanden! Der Drechsler soll kommen!«

»Und was bitte haben *Sie* vorzuweisen?« fragten sie den Drechsler.

»Flügel«, sagte der Mann.

»Ist das alles? Stellen Sie die mal hin!«

»Stehen nicht«, sagte der Drechsler, »denn Flügel fliegen.«

»Aha! Stehen also nicht. Sind also auch nicht fest. Dann werden wir einmal ein paar Pferde davorspannen und daran ziehen lassen.«

»Bitte nicht«, sagte der Drechsler, »es sind doch Flügel.«

»Aha, also auch nicht gut geleimt. Dann werden wir sie mal ins Wasser legen. Können Sie damit schwimmen?«

»Nein«, sagte der Mann, »denn das sind Flügel.«

»Quietschen sie?« fragte ein hoher Herr.

»Ja«, sagte der Drechsler.

»Aha, quietschen. So.«

Sie steckten die Köpfe zusammen und sagten: »Nicht bestanden, Meisterprüfung nicht bestanden. Das ist alles.«

Da schnallte sich der Drechsler die Flügel an, setzte sich aufs Fensterbrett und flog davon. Und die Kommission mitsamt der Meisterprüfung konnten ihm gestohlen bleiben.

Das Rumpelstühlchen

Es war einmal ein König, der hatte alle Feinde ringsum besiegt, und alle waren ihm untertan. Nur einer nicht, das Rumpelstühlchen. In einem Saal nämlich, in seinem Schloß, stand ein Stühlchen. Kaum daß sich jemand daraufsetzte, fing es sofort an zu rumpeln und zu pumpeln und warf ihn quer durch den ganzen Saal. Ob's ein Minister war oder eine Kammerzofe, ob's ein Graf war oder ein Knecht, ob's der König war oder seine Gemahlin – kaum hatte jemand mit dem Hintern das Stühlchen berührt, fing es an zu rumpeln und pumpeln, als wär's der Teufel selbst, und warf ihn quer durch den ganzen Saal.

Nur einer durfte in Frieden auf dem Rumpelstühlchen sitzen, nämlich die jüngste Tochter des Königs, die Bodula.

Bodula war so schön, daß die Blumen im Garten vor Freude weinten, wenn sie vorbeiging. Bodula war so zart wie eine Löwenzahnblüte und genauso leicht. Setzte sie sich auf das Rumpelstühlchen, wurde dieses zahm und weich wie eine Lämmerwolke.

»Teufel auch«, sagte der König, »ich mag ja Bodula sehr gern, aber auf dem verdammten Stuhl muß ich auch mal sitzen. Wär doch gelacht!«

Kaum hatte er mit seiner Sitzfläche das Stühlchen berührt, fing es an zu rumpeln und zu pumpeln, und der König flog quer durch den Saal.

»So was ist mir noch nicht passiert«, schrie der König. »Bringt mir den arabischen Sattel und zäumt den verdammten Stuhl auf. Das wär doch gelacht!«

Als er jünger war, war er nämlich der beste Reiter gewesen, den es weit und breit gab.

Kein Pferd hat ihn je abgeworfen. Auf dem arabischen Sattel

hatte er vierhundertunddreizehn Schlachten gewonnen und die feurigsten Pferde gezähmt.

Das Rumpelstühlchen ließ sich ohne Mucken aufzäumen, ließ sich den Sattel aufsetzen, aber kaum hatte der König mit seiner Sitzfläche das Stühlchen berührt, wollte ihm gerade die Sporen geben, da fing es an zu rumpeln und zu pumpeln und warf ihn quer durch den Saal. Er verfing sich mit den Sporen im Kronleuchter und blieb hängen. »Teufel auch«, sagte er, »so etwas ist mir noch nicht passiert!«

Der König interessierte sich Tag und Nacht für nichts anderes mehr als für das Rumpelstühlchen. Er ließ die Minister allein regieren und Krieg führen.

»Holt mir den Rüstmeister«, sagte er. »Er soll mir sofort eine Rüstung aus Eisen bauen, die so schwer ist, daß ich mich nicht darin bewegen kann. Denn wer sich nicht bewegen kann, der kann auch nicht durch die Luft fliegen, ist doch klar. Wär doch gelacht!«

Der Rüstmeister baute ihm eine Rüstung, der König wurde auf das Rumpelstühlchen gesetzt, aber kaum hatte er mit der Rückseite den Stuhl berührt, fing der an zu rumpeln und zu pumpeln und warf ihn quer durch den ganzen Saal.

»Teufel auch«, fluchte der König, »holt mir den Kriegsschiffsbaumeister! Er soll aus Eichenholz und Eisen eine komplizierte Konstruktion bauen. Dort soll er den verdammten Stuhl einzwängen, daß er sich keinen Millimeter vom Fleck rühren kann. Und dann setz ich mich drauf. Wär doch gelacht!«

Und als die komplizierte Konstruktion aus Eichenholz und Eisen fertig war, wurde das Rumpelstühlchen so eingezwängt, daß dreiundzwanzig Pferde es nicht wieder hätten herausziehen können.

Der König brauchte einen Fremdenführer, der ihn durch die komplizierte Konstruktion führte, damit er sich auf das Stühlchen

setzen konnte. Kaum hatte er mit der hinteren Seite aber das Stühlchen berührt, fing dieses an zu rumpeln und zu pumpeln und warf ihn quer durch den ganzen Saal.

»Holt mir den schlauen Sternen- und Zaubermeister«, rief der König, »aber sofort!«

Der schlaue Sternen- und Zaubermeister sagte: »Ist ganz klar, sobald jemand das Stühlchen mit dem Hintern berührt, wirft es ihn durch die Luft. Ist doch ganz klar – weil es Hintern nicht leiden kann.«

»Und was ist mit Bodula?« fragte der König.

»Ist doch ganz klar, Bodula ist von allen Seiten so schön wie von vorn«, sagte der schlaue Sternen- und Zaubermeister, »da würde *ich* mich auch nicht wehren, würde sie sich auf mich setz…«

»Ach, quasseln Sie nicht!« schrie der König. »Also, was soll ich machen?«

»Den Hintern mit einer Bleiplatte isolieren«, sagte der schlaue Sternen- und Zaubermeister.

Und der König schob sich eine Bleiplatte in die Hose. Aber kaum hatte er das Rumpelstühlchen berührt, fing es an zu rumpeln und zu pumpeln und warf ihn quer durch den ganzen Saal.

»Wenn's vielleicht wirklich nur am Hinterteil liegt«, sagte der König, »dann muß ich es mit dem Kopf besteigen. Wär doch gelacht!«

Vorsichtig stellte er sich vor das Rumpelstühlchen, machte einen Kopfstand auf ihm, aber kaum hatte er es mit dem Kopf berührt, fing es an zu rumpeln und zu pumpeln und warf ihn quer durch den ganzen Saal.

Die schöne Bodula aber konnte kommen, wann sie wollte, sich hinsetzen, sitzen, wie sie wollte, und bleiben, so lange sie Lust hatte.

»Im Schwimmen«, sagte der König, »hat mich aber noch keiner besiegt. Bringt den elendigen Stuhl an den See. Im Wasser werde ich ihn besteigen, im Wasser hat mich noch keiner besiegt. Wär doch gelacht!«

Er zog sich die Badehose an, drückte das Rumpelstühlchen unter das Wasser, setzte sich drauf, und kaum hatte er es mit der Badehose berührt, fing es an zu rumpeln und pumpeln und warf den König quer über den See.

Da ließ der König bekanntgeben: »Wer hier in meinem Reich den verdammten Stuhl besteigen kann, der ist besser als ich. Der wird König und bekommt obendrein die schöne Bodula zur Gemahlin.«

Zuerst kam ein Dicker, der war so dick, daß er einen halben Tag brauchte, wenn er zu Fuß um sich selber herumgehen wollte. »Wär doch gelacht!« sagte er und polierte sich vorher noch das Lederwams an der Sitzfläche, so wie ein Boxer sich in die Hände spuckt, ehe er dem Gegner einen Schwinger versetzt, und setzte sich dann mit seinem ganzen Gewicht auf das Rumpelstühlchen. Kaum hatte er's berührt, fing es an zu rumpeln und zu pumpeln und warf ihn quer durch den ganzen Saal.

Dann kam der stärkste Mann im ganzen Reich. Wenn fünf Kriegsschiffe an Seile gebunden wurden und er die Seile in eine Hand nahm und dann Sturm mit Windstärke zehn aufkam, konnte er alle fünf Schiffe so fest halten, daß sie keinen Millimeter vorankamen und er sogar den Sturm bremste. »Ich packe erst den Stuhl an der Lehne«, dachte er. »Dann halte ich ihn fest, und dann schwing ich mich drauf. Wär doch gelacht!« Das tat er auch, packte das Rumpelstühlchen mit beiden Fäusten, und es rührte sich um keine Haaresbreite.

»Das hätte ich nicht gedacht, elendige Streichholzschachtel«, lachte der Starke, »hahahaha! Und jetzt, Kamerad, steig ich auf.«

Dabei guckte er schon mit einem Auge auf die schöne Bodula und setzte sich ruhig auf das Rumpelstühlchen. Kaum hatte er es

mit der Rückseite berührt, fing es an zu rumpeln und zu pumpeln und warf ihn quer durch den Saal.

Das halbe Land hatte es schon probiert, und niemand hatte es gekonnt. Dann kam noch so ein kleiner, kümmerlicher Mensch mit Brille, den sie schon am Tor nicht hereinlassen wollten.

»Laß ihn doch rein!« sagte der eine Torwächter. »Der ist so schwer wie eine Fliege. Vielleicht merkt das Rumpelstühlchen gar nicht, daß jemand draufsitzt, hahaha.«

Also ließen sie ihn ein, und der kümmerliche Bursche fragte den König, ob er auch eine kleine Bedingung stellen dürfe.

»Bedingung hin, Bedingung her«, lachte der König, »stellen Sie, soviel Sie wollen. Eichenbalken, Eisenstangen, Kriegsschiffe, Nägel und Soldaten, alles können Sie bekommen. Das wär doch gelacht!«

Da bat der kümmerliche Mensch mit der Brille, daß die Prinzessin kommen solle.

»Und jetzt, bitte, setzen Sie sich auf das Stühlchen«, sagte er. Die Prinzessin setzte sich.

Das Rumpelstühlchen war still und weich wie eine Lämmerwolke.

Dann setzte sich der kümmerliche Mensch auf die Prinzessin, also auf ihren Schoß, und hatte gewonnen. Versprochen ist versprochen, und er wurde König, die schöne Bodula aber seine Frau. Das Rumpelstühlchen behielten sie zeit ihres Lebens zum Andenken. Manchmal setzten sie sich darauf, unten die Königin, oben der König, und ließen sich schaukeln.

141

Hansens Trine

Hans hatte Katherine geheiratet, weil sie so schön war. Aber kaum war die Hochzeitsfeier vorbei, da zeigte es sich, wie faul die Trine war.

Immer dachte sie bei sich: »Soll ich zuerst essen, oder soll ich zuerst schlafen? Ich ess lieber zuerst, sonst schlafe ich vor Hunger am Ende unruhig.«

Sie aß, wurde davon müde und dachte: »Jetzt muß ich aber wirklich etwas schlafen.«

Sie legte sich also hin und schlief. Wachte sie auf, dann hatte sie wieder Hunger; denn schlafen machte sie hungrig, und sie aß etwas. Hatte sie gegessen, wurde sie davon müde und ging also schlafen. Dann aß sie wieder. Hatte sie gegessen, sagte sie: »Nach dem Essen sollst du ruhn oder tausend Schritte tun! Da müßt' ich mir extra die Schuhe anziehn, leg ich mich lieber hin.«

Konnte sie nicht schlafen, dann lag sie auf dem Sofa und las illustrierte Zeitungen. Das machte sie aber hungrig, und sie mußte etwas essen. Kam der Hans von der Arbeit nach Hause, lag seine schöne Trine auf dem Sofa.

»Was hast du heut gekocht«, fragte der Hans.

»Heute nichts, heute war ich etwas müde«, antwortete die Trine.

Da schlug sich der Hans zwei Eier in die Pfanne und machte Spiegelei.

»Da kannst du für mich bitte auch gleich zwei braten«, sagte die Trine.

Und so ging das jeden Tag. Einmal, als der Hans nach Hause kam und die Trine schlief, ärgerte er sich, nahm die Schere und schnitt ihr ein Stück vom Kleid ab. Damit sie sich auch einmal ärgern sollte.

Aber sie ärgerte sich nicht. Sie schaute in den Spiegel und sagte: »Das sieht ja fabelhaft aus!« und ging sofort hinaus auf die Straße, damit's jeder sehen konnte.

Dort sah sie der Friederich, weil das so schön war, und nahm sie mit nach Haus, wo er sie auch bald heiratete. Aber kaum war die Hochzeit vorbei, da zeigte es sich, wie faul die Trine war. Sie legte sich aufs Sofa und überlegte: »Ess ich zuerst, oder schlaf ich zuerst? Ich ess lieber zuerst.«

Und so ging das weiter. Aber der Hans war die Trine wenigstens los.

Der Däumling

Ein Bauer hatte einen Sohn, der war so klein wie ein Finger, ja, eher noch kleiner, so daß die Nachbarn schon mit bösen Zungen darüber schwätzten, den Bauern gar foppten. Denn wie konnte das denn sein? Der Vater selbst mit seinem ganzen Leib war ziemlich groß (einsdreiundsechzig). Sagt doch eine alte Bauernregel:

> Ist überm Stall der Himmel bleich,
> wird der Sohn dem Vater gleich.
> Ist es aber dunkel schon,
> gleicht dem Vater genau der Sohn.

Das will nichts anderes besagen als: Wie der Vater, so der Sohn. Und das will wieder nichts anderes besagen als: Ist der Vater groß, ist der Sohn auch groß, ist der Vater dick, ist der Sohn auch dick. Ist der Vater schwarz, ist der Sohn auch schwarz. »Also«, sprachen die Bauern im Dorf, »ist an dem Vater etwas nicht in Ordnung.« Und weil der Sohn gar nicht wuchs und einem Daumen an Größe gleichkam, hieß er auch »Däumling«.

Der Däumling war aber der einzige Sohn des Bauern und sein Erbe. Ab seinem zehnten Lebensjahr hätte er den Traktor fahren sollen, ab seinem zwölften den Mercedes probieren und ab seinem dreizehnten denselben lenken dürfen. Ab seinem vierzehnten Lebensjahr hätte er den automatischen Heustapler, die Egge, den Jauchenzerstäuber und die Ungeziefervertilgungsmaschine über die Äcker fahren müssen. Ab seinem 55. Lebensjahr hätte ihm der ganze Hof gehört.

Aber er wuchs und wuchs nicht und war – stellte er sich auf das Schnapsglas – kaum so groß wie der Mercedes-Zündschlüssel.

Nun ging der Junge nicht nutzlos einher, sondern packte mit an, wo er nur konnte, sammelte Krümel auf der Tischdecke und stapelte sie schön auf einen Haufen. Er trug abgebrannte Streichhölzer weg, sammelte gar Zigarrenstummel, die sein Vater achtlos auf den Teppich fallen ließ, und schleppte alles hinauf auf den Mist. Das war keine leichte Arbeit für so einen kleinen Menschen, weiß Gott nicht!

Einmal wollte der Bauer hinaus aufs Feld gehen und pflügen. Da sprach der Kleine: »Vater, ich will mit hinaus.«

»Du willst mit hinaus?« sprach der Vater. »Bleib du hier! Dort bist du zu nichts nutz. Du könntest mir auch verlorengehen.«

Da fing der Däumling an zu weinen, und um Ruhe zu haben, steckte ihn der Vater in die Jackentasche und nahm ihn mit. Draußen auf dem Feld nahm er ihn heraus und setzte ihn neben eine frische Ackerfurche.

Wie der Vater dann dort so lag und in der Frühstückspause einnickte, kamen Fliegen und Beißtiere und peinigten den Bauern, störten seinen wohlverdienten Schlaf, indem sie sich auf ihn setzten und ihn kitzelten.

Da verbarg sich der Kleine hinter der großen Nase des Vaters und lauerte den Untieren auf, die seinen Vater peinigten. Er kämpfte sie nieder, erdrückte gar zwei Schmeißfliegen mit seiner Kraft, jeder Vater hätte stolz sein können auf so einen Sohn.

Doch der Vater war des wieder nicht zufrieden, denn er erwachte von dem Kampf und vermeinte, sein Sohn habe ihn aus Mutwillen geweckt.

Auch im Haus rückte der Däumling den Beißinsekten und Kriechtieren zu Leibe, indem er sich aus einer Tannennadel einen Bogen fertigte, Schweineborsten, die er vom Rock seines Vaters klaubte, säuberlich anspitzte und als Pfeile benutzte, um damit nach den Tieren zu schießen. Freilich war das nicht leicht, aber bald erlangte er eine solche Fertigkeit, daß er sogar fliegende Mükken mit einem Schuß erlegte, und er trug sie säuberlich hinaus auf den Dung. Ja, selbst das gelang ihm, daß er dicke Brummer so in den Flügel traf, daß sie fortan flugunfähig waren und ihm dienen mußten. Er belud sie mit kleinen Lasten und ließ sie für sich arbeiten, ließ sie beispielsweise tote Kriechinsekten transportieren, damit sie nicht herumlagen. Kurz, er war nützlich und auch immer guter Dinge, mehr als ein größerer Mensch.

Doch der Vater war des nicht zufrieden. Denn was der Kleine an Mist zusammenbrachte, war für den Bauern nicht einmal eine Handvoll.

Ein anderes Mal wollte der Bauer wieder aufs Feld, Milch von den Kühen holen. Da sah der Kleine, daß der Wagen nicht ansprang. Der Vater fluchte sehr. Dreck war vom Finger auf den Zündschlüssel gekommen und von dort ins Zündschloß gelangt. Und so machte sich der Sohn an die Arbeit, reinigte das Zündschloß von innen. Putzte und ölte die kleinen Federchen und Röllchen und erlangte später sogar eine solche Fertigkeit darin, daß er seinen Vater bat, ihn Zündschloßfeinmechaniker im Mercedes-Werk werden zu lassen.

Aber der Vater war des nicht zufrieden. Er hatte keinen Sinn für Feinmechanik, denn er rechnete diese zur Kunst, Kunst aber nannte er Mist und unnötig.

Wieder ein anderes Mal wollte der Bauer in die Stadt Geld abholen.

»Vater, nimm mich mit in die Stadt«, sagte der Kleine.

»Du willst mit in die Stadt?« sagte der Vater. »Bleib du hier! Dort bist du zu nichts nutze. Du könntest mir auch verlorengehen.«

Da fing der Kleine an zu weinen, und um Ruhe zu haben, steckte ihn der Vater in die Jackentasche.

In der Stadt stellte der Bauer den Mercedes Diesel auf dem Parkplatz beim Bahnhof ab, und als er das Geld hatte, kaufte er sich ein kleines Kofferradio, Made in Japan und nicht sehr teuer. Damit er auf dem Feld beim Ackern nicht so allein wäre. Voll Freude ließ der Bauer das kleine Gerät den ganzen Weg spielen, eine Batterie kostete nur sechzig Pfennig und reichte dreißig Stunden.

Auch der Däumling fand viel Freude an dem Gerät, schlief zu Hause nicht mehr in der Schrotpatronenschachtel, die seine Mutter ihm zur Nacht bereitet hatte, sondern neben dem Radio. War der Vater mit der Mutter zu Bett gegangen, und es war alles still, kroch der Kleine sogar in den Apparat hinein, studierte den einfachen Aufbau des Gerätes und erlangte bald eine solche Fertigkeit in der Sender-Feineinstellung, daß es ihm gelang, sowohl Morsezeichen von Weltraumschiffen als auch russische Geheimsender zu empfangen; dreimal in der Woche spielten sie das Lied von der Troika.

Aber der Vater war des nicht zufrieden. Denn Morsezeichen konnte er nicht verstehen und Kosakenmusik schon gar nicht.

Auch im Reparieren von Damenarmbanduhren erlangte der Däumling eine große Fertigkeit, denn in einer Bonbonnierenschachtel auf der Frisierkommode hatte er eine Armbanduhr seiner Mutter, ein einziges Andenken an ihre erste heilige Kommunion, gefunden. Er hatte die Uhr auseinandergenommen, wieder zusammengebaut, auseinandergenommen und wieder zusammengebaut, dreimal am ersten Tag, fünfmal am zweiten und später so schnell hintereinander, daß er es nicht mehr zählen konnte. Das war schön. Und so bat er seinen Vater, Damenarmbanduhrenmacher werden zu dürfen.

Aber der Vater war es wieder nicht zufrieden.

Auch waren dem Kleinen bei dieser Fummelarbeit viele Gedanken durch den Kopf gegangen, und da es an der Zeit war, daß ihm der erste Flaum unter der Nase wuchs und eine alte Bauernregel sagt:

»Stellt der erste Flaum sich ein,
soll der Bauer ein Mädel frein«,

hielt er um die Hand der schönen Mia an. Ein weiches, schönes
Mädelchen, gemütlich anzufühlen und von Herzen gut. So recht,
wie es sich ein kleiner Bauer wünschen mag. Obendrein war ihr
Vater Bäckermeister. Ein anständiger Beruf. Sie gab ihm ohne
lange zu überlegen ihr Jawort. Sie liebte Mäuse, mag sein, daß sie
ihn für einen Mauser hielt. Doch als sie's ihrem Vater sagte, fragte
er: »Hat er Geld?«

»Nein.«

»Ist er schön oder groß oder stark?«

»Nein«, sagte Mia. »Doch ich liebe ihn von Herzen.«

»Davon haben wir nichts«, sagte der Bäckermeister und war es
keineswegs zufrieden.

Doch wie es so geht und die Töchter sich den Teufel um den
Nutzen einer Heirat scheren, heiratete sie den kleinen Däumling
ohne Zustimmung des Vaters.

Wohl schenkte des Däumlings Vater dem Kleinen zur Hochzeit
seinen Mercedes Diesel und ließ eine Invalidenarmatur einbauen,
damit sein Sohn wenigstens diesen lenken konnte. Doch auch das
nutzte nichts, der Däumling reichte nicht einmal bis zum Invali-
dengaspedal, zur Kupplung schon gar nicht, mit seinen kurzen
Beinen. Und der Vater war schon wieder nicht zufrieden.

Da ging der Däumling zu einem Riesen in die Lehre. Wollte er
doch dem Vater ein guter Sohn, dem Bäckermeister ein starker
Gehilfe und Mia ein hurtiger Ehemann werden. Als er dann bei
dem Riesen in der Lehre war und des Riesen Kraftnahrung ver-
tilgte, wuchs er alsbald zu einem Riesen heran. Da ging er zurück
zu seinem Vater. Doch als dort alles entzweisprang, was der Junge
in die Pranke nahm, warf ihn der Vater hinaus. Und als er zum
Bäckermeister ging und das Brot zerquetschte, wenn er es nur

berührte, schickte auch dieser ihn aus der Backstube fort. Und als er dann zu Mia kam, erkannte sie ihn nicht wieder, denn sie hatte inzwischen einen Gärtner zum Mann genommen.

Da sagte der Riesendäumling: »Klein ist falsch, groß ist falsch, nichts ist euch recht, ihr könnt mir alle gestohlen bleiben.«

Und er ging zurück zu seinem Meister, dem Riesen, wo er blieb. Der Gärtner aber, der war weder so klein wie eine Maus noch so groß wie ein Riese, er lebte mit Mia lange Zeit glücklich zusammen.

Kann man sagen.

Der junge Riese

Es war einmal ein Bauer, der wohnte nicht weit weg von jenem, dessen Sohn ein Däumling war. Wie oft hatte dieser Bauer den Bauern mit dem Däumling doch verlacht: »Wie jämmerlich, solch einen Sohn zu haben, ha! Wenn der nicht in Ordnung ist, dann muß es wohl am Vater liegen. Denn wie der Vater, so der Sohn. Sagt man doch.«

Und weil er damit prahlte, *ihm* könne solches nie passieren, »… im Gegenteil. *Mein* Sohn wäre ein Riese…«, bekam er also einen Sohn, der war ein Riese. Manchmal geschieht so etwas auf der Welt.

Und an diesem Lümmel hatte der Mann nun gar keine Freude. Er paßte nicht ins Bett und nicht ins Haus. Ihm paßten keine fertiggekauften Hosen und Schuhe, alles mußte angefertigt werden. Hosenträger wurden aus den Treibriemen der Dreschmaschine geschustert.

Er aß zuviel, er arbeitete zuwenig und war zu nichts nutze. Sollte er den Mercedes zum Feld fahren, paßte nicht einmal sein Schuh hinein.

Sollte er den Traktor aus dem Stall holen, brach der Stall schon zusammen, wenn er die Tür nur berührte.

Steckte er den Schlüssel ins Schloß der Haustür, dann schob er das Haus einen Meter weiter nach hinten.

Sollte er den Mistzerstäuber und die automatische Egge bedienen, fand der Bauersmann die Geräte zerdrückt, zertrümmert und verbogen im Kornfeld. Freilich ersetzte ihm die Bauerngeräte-Versicherungsgesellschaft die Geräte, aber das war ihm kein Trost. Er hätte einen Knecht gebraucht.

Manches Mal in seiner stillen Schlafkammer dachte er: »Dann wäre mir schon so ein Däumling lieber gewesen. Der wäre in allem billiger zu erhalten. Nutzen hin – Nutzen her, aber wenigstens billig.«

Nun lachten die Leute im Dorf über *ihn*, so wie er einst über den anderen Bauern mit dem Däumling gelacht hatte. Auch so herum geht es manchmal auf der Welt.

»Wie der Vater, so der Sohn. Und wenn der Sohn ein Riese ist, wird der Bauer wohl nicht der Vater sein«, grinste nun der andere Bauer über den Zaun.

Schon gar für die Bäuerin waren solche Reden keine Freude. Nun wünschte sie sich ihrerseits in ihrem stillen Kämmerlein: »Ach wär's doch nur ein Däumling, mir wäre es recht.«

Das freilich merkte der Sohn, der ein Riese war, denn nirgends um das Haus herum ward er gern gesehen. Da machte er sich auf den Weg und verließ Vater und Mutter.

Er ging zwei Tage nach Westen, zwei Tage nach Norden und zwei Tage nach Osten und kam in das Land der Mäuse. Er legte sich mitten unter diese kleinen Tiere, fand bald Gefallen an so einer kleinen Maus, und auch ihr erging es nicht anders. Sie verliebten sich ineinander.

In der Liebe ist es so, daß oft die Kleinen die Großen und die Großen die Kleinen lieben. Und so zogen die beiden zusammen.

Als der Riese nun immer nur Mauseatzung zu essen bekam, wurde er mit der Zeit immer kleiner. Auch ist es in der Liebe so, daß nach einer Weile die beiden, welche sich lieben, sich immer ähnlicher werden. Und am Ende war er so klein wie eine Maus.

»Pack deine Sachen, Frau, wir wollen zu meinem Vater gehen. Er wünschte sich immer und viel lieber einen kleinen Sohn, und zwei Mäuse mehr werden dort allemal leicht satt.«

Sie packten ihre Siebensachen und gingen zweihundert Tage nach Westen, zweihundert Tage nach Süden und zweihundert

Tage nach Osten, bis sie zum Haus des Bauern und seiner Frau kamen. Und als die Frau morgens um sechs in die Küche kam, saß da auf dem Tisch neben der Tasse ein Däumling, und sie erkannte mit einer Lupe ihren Sohn. »Oh, du mein geliebtes Kind.«

Zuerst wollte sie ihn herzen und küssen, was freilich nicht ging, denn wie leicht erdrückt oder verschluckt man so ein kleines Wesen.

Dem Bauern erging es genauso – fürs erste. Wohl war er des zufrieden, zufriedener als zuvor – fürs erste, aber dann sahen die beiden des Sohnes Frau, die Maus, und warfen mit dem Hammer nach ihr. »Haben wir nicht schon genug Mäuse im Haus, verflucht!«

Wobei die Maus leider das Leben verlor.

Den Sohn befiel ein großes Herzeleid, doch blieb er bei Vater und Mutter, denn ein wenig liebte er sie doch auch.

Nur geschah dann all das gleiche, was dem anderen Bauern mit seinem Sohn, dem Däumling, widerfuhr.

Riese – Däumling, einmal zu groß und einmal zu klein, nichts paßt so recht, und so geht es immer rundum auf der Welt. Wie auf einem Karussell.

Die Sterntaler

Gestern war in der Zeitung zu lesen: »Wie aus Madrid gemeldet wird, gelang es Interpol, einen Fall aufzuklären, welcher seit drei Jahren die Wissenschaftler der gesamten Welt beschäftigt. So hatte man seit dieser Zeit etwa beobachtet, daß eine Art Wirbelflimmern vom Sternbild des Merkurius sich spiralförmig einem Punkt auf unserem Planeten näherte und dort spurlos verschwand. Nun ist dieser Ort als eine Bretterbude in den Pyrenäen ausgemacht worden, von außen kaum zu unterscheiden von einem Ziegenstall. Die Bude wurde umstellt, und es gelang Interpol, zwei Ganoven festzunehmen und sechs Säcke voll Sterntaler sicherzustellen.

Die beiden behaupten, ihr Heimcomputer habe durch einen Fehler eine Formel ausgespuckt, welche es ermöglicht, nach dem von ihnen so benannten Flimmer-Verfahren (welches in der Wissenschaft bis da noch nicht bekannt war) Sternschnuppen aus dem Sternbild des Ochsen zu lösen, die dann in einem Strato-Wirbel, (von ihnen vorerst so benannt, weil bis da in der Wissenschaft ebensowenig bekannt wie das zuerst genannte), in einem Strato-Wirbel-Verfahren von einem winzigen Magneten aus Lycrizan (vorerst von den beiden so benannt, zuvor nicht bekannt) durch einen einfachen Trichter, wie man ihn in der Küche verwendet, aber unten ohne Schnabel, da sonst zu eng, in einen Topf geleitet wurden. Von da hätten sie die Sterntaler nur in Säcke abzufüllen brauchen.

Die beiden geben als Namen Flimmer Heinrich und Monety Karl an. Sie tragen keine Papiere bei sich. Interpol ist bemüht, aufzuklären, ob die Angaben der beiden Verdächtigen auf Wahrheit beruhen. Die Sterntaler wurden dem Max-Planck-Institut und der Bank von Bilbao zur Prüfung übergeben.

Inzwischen hat Monety Karl seine Angaben widerrufen und gibt nun vor, er habe einem alten Mann eine Hose geschenkt, und seitdem seien ihnen die Sterne vom Himmel sozusagen von allein in den Schoß gefallen. Er gibt vor, dieser alte Mann sei der liebe Gott gewesen.«

Herr Korbes

Einmal war Herr Korbes zu einem Tanzvergnügen gegangen. Er hatte dort ein Hühnchen kennengelernt und mit ihr ein Tänzchen gewagt. »Ach, kommen Sie mich doch mal besuchen«, sagte Herr Korbes. »Am besten gleich morgen, bei mir gibt es Kuchen.«

»Dann bring ich aber meinen Bräutigam mit«, sagte die Henne, »den Hahn.« Eingeladen ist eingeladen, Herr Korbes konnte schlecht nein sagen. Also nahm die Henne am nächsten Tag ihren Bräutigam, den Hahn, mit, und sie machten sich auf den Weg zum Herrn Korbes.

Als sie ein Stück gegangen waren, trafen sie eine Katze. »Wo geht ihr hin?« fragte die Katze.

> »Den Herrn Korbes besuchen,
> bei ihm gibt es Kuchen.«

»Kuchen ess ich auch gern«, sagte die Katze und ging mit.
Dann trafen sie einen Autoreifen.
Der Autoreifen fragte: »Wohin geht ihr?«

> »Den Herrn Korbes besuchen,
> bei ihm gibt es Kuchen.«

»Kuchen ess ich auch gern«, sagte der Autoreifen und ging mit.
Dann trafen sie einen alten Soldatenstiefel.
Der alte Soldatenstiefel fragte: »Wohin geht ihr?«

> »Den Herrn Korbes besuchen,
> bei ihm gibt es Kuchen.«

»Kuchen ess ich auch gern«, sagte der alte Soldatenstiefel und ging mit.

Dann trafen sie einen Fliegenfänger.

Der Fliegenfänger fragte: »Wo geht ihr hin?«

»Den Herrn Korbes besuchen,
bei ihm gibt es Kuchen.«

»Kuchen ess ich auch gern«, sagte der Fliegenfänger und ging mit.

Dann trafen sie eine Mistgabel.

Die Mistgabel fragte: »Wo geht ihr hin?«

»Den Herrn Korbes besuchen,
bei ihm gibt es Kuchen.«

»Kuchen ess ich auch gern«, sagte die Mistgabel und ging mit.

Dann trafen sie einen grünen Hut.

Der grüne Hut fragte: »Wo geht ihr hin?«

»Den Herrn Korbes besuchen,
bei ihm gibt es Kuchen.«

»Kuchen ess ich auch gern«, sagte der grüne Hut und ging mit.

Als sie zum Herrn Korbes kamen, hatte er keinen Kuchen.

Da packte ihn der Fliegenfänger, wickelte sich um ihn und klebte ihn fest. Der grüne Hut stieg auf seinen Kopf und war ihm zu groß – jetzt konnte Herr Korbes nichts mehr sehen.

Der Hahn und die Henne fingen an, ihn zu kratzen.

Der Autoreifen rollte ihm zwischen die Beine, und Herr Korbes fiel hin.

163

Die Katze ging auf ihn los, und die Mistgabel stach ihn in den Hintern.

Der Soldatenstiefel hackte, und die Henne schrie: »Wir werden Ihnen schon zeigen, eine arme, anständige Henne anzulügen. Sie Lump, Sie Lump, Sie!«

Ja, das kommt davon, Herr Korbes!

Die Bremer Stadtmusikanten

Ein Esel hatte fünfunddreißig Jahre bei einem Herrn in Bremen gearbeitet, hatte ohne Murren alles getragen, aber nie Lohn bekommen, nur etwas Gras zum Fressen. Und dann war er alt geworden. Bei schweren Lasten knickten ihm jetzt die Knie ein, oder er fiel hin.

Der Herr überlegte sich, ob er ihn schlachten lassen sollte, aber das kostete dreißig Mark, und die wollte er sparen. Also jagte er ihn davon.

Da stand nun der arme alte Esel in seinem verschlissenen Anzug allein in Bremen. Hatte keinen Freund – woher auch? Er hatte immer nur gearbeitet.

Hatte keine Verwandten – denn er war in Neapel, in Italien, geboren, weit weg von Bremen. Hatte nichts zu essen, hatte nichts, wo er schlafen konnte.

Da ging er auf den Bahnhof, wo die Italiener, die Gastarbeiter, immer stehen, weil sie Heimweh haben. »Italiener sind Italiener, und ich bin auch Italiener«, dachte der Esel. »Dort bin ich nicht so allein.«

Aber die Menschen hackten, boxten und prügelten ihn nur, jagten ihn weg vom Bahnhof.

Da ging der Esel in eine Grünanlage und wollte etwas schlafen. Doch auch hier verjagte ihn einer, denn das Herumliegen in Anlagen war nicht einmal den Menschen erlaubt. Nirgends konnte er sich hinlegen, an keine Mauer den Kopf lehnen. Er mußte die ganze Nacht gehen, stehenbleiben, wieder gehen, dann wurde es Tag.

Der Esel ging zum Arbeitsamt, fragte dort nach einer Arbeit, egal was, ohne Lohn, nur gegen etwas Gras zum Fressen und Stroh zum Liegen.

»Ausländer!« sagte der Beamte. »Ja, ja. Aber das geht nicht. Keine Genehmigung, keine Arbeitsüberweisung, keinen festen Wohnsitz und außerdem zu alt. Verstehen Sie, für Ihr Alter liegen keine Anfragen vor, tut mir leid, ehrlich!«

Es tat ihm gar nicht leid. Das war nur so dahergequasselt. Die Leute reden Sätze, ohne zu überlegen, was diese bedeuten.

Draußen auf der Straße traf der Esel einen Hund, struppig und ohne Lust zu leben.

»Kamerad, wie siehst du aus«, sagte der Esel, »läßt den Schwanz und die Ohren hängen, machst einen krummen Buckel, hast kein Halsband, trägst keine Hundemarke. Paß auf, wenn sie dich erwischen, schlagen sie dich tot.«

»Das wäre mir genau recht«, sagte der Hund, »denn ich will nicht mehr leben. Ich habe zwanzig Hundejahre beim Bauern Achtermann gewohnt, wir waren gut befreundet. Jetzt ist er tot. Da bin ich abgehauen. Will nicht mehr leben.«

»Aber ich habe doch Hunde gesehen«, sagte der Esel, »die trugen Pelzmäntel, Lodenmäntel und Kleider, damit sie nicht frieren. Die durften in der Straßenbahn einen eigenen Platz besetzen. Die rochen nach französischem Parfüm, waren frisiert wie Filmschauspielerinnen. Kamerad, das kannst du doch auch haben.«

»Ach, das sind keine Hunde, das sind Viecherln, Laternenpinscher, Sofakissenbesudler, Pudel, da würde es mich grausen vor so was als richtiger Hund. Und ohne meinen Freund Achtermann will ich nicht mehr leben.«

»Ach was, Kamerad, komm mit, sind wir zwei, sind wir mehr als einer.«

Dann trafen sie eine Katze. Ungewaschen, ungekämmt, sah sie aus wie ein dreißigjähriger Handfeger nach dem Regen.

»Dir geht's aber auch nicht gut, Kameradin«, sagte der Esel. »Wenn sie dich hier erwischen, ungewaschen, ungekämmt, schlagen sie dich tot.«

»Das stimmt«, sagte die Katze. »Unsereins schlagen sie andauernd tot. Mir haben sie sechs kleine Katzen ersäuft. Am schlimmsten sind die Kinder der Menschen! Eine Freundin von mir haben sie zu Tode gequält, haben ihr Blechbüchsen an den Schwanz gebunden und sie zu Tode gehetzt. Das war schlimm, Kameraden, das war so schlimm! Sie hat aus dem Mund geblutet.«

Der Esel nahm sie auf die Schulter und trug sie ein Stück.

Als sie an den Stadtrand kamen, trafen sie einen Hahn, der war schon halb gerupft und sehr geschunden.

»Sie wollten mich schlachten«, sagte der Hahn. »Mir wäre es schon recht gewesen, denn auf der Welt ist es sowieso nicht mehr schön. Es gibt kaum noch freie Hennen. Sie werden in Hühnerhäuser eingesperrt, vierzehntausend zusammen, jede für sich in einer kleinen Kiste. Keine kommt dort zu Lebzeiten wieder heraus. Und niemals dürfen sie die Sonne sehen, kriegen zweimal am Tag dreißig Gramm künstliches Futter, und sobald eine Henne siebenhundertfünfzig Gramm wiegt, wird sie elektrisch geschlachtet. Nie in ihrem Leben lernen sie einen Hahn kennen! Geschlachtet, eingefroren, für drei Mark fünfzig im Supermarkt verkauft, gegrillt und gegessen. Da lob ich mir doch den freien Tod im Kampf mit dem Fuchs. Die Welt ist eine Hölle geworden.«

»Komm, setz dich auf mich«, sagte der Esel. »Ich trag dich ein Stück. Zu viert sind wir mehr als drei.«

Sie hatten so einen Hunger. Und in den Nächten war es so kalt. Aber wo sie auch hinkamen und etwas Futter suchten, wurden sie weggejagt, und man warf mit Knüppeln hinter ihnen her.

Höchstens den Hahn versuchten die Leute mit Körnern anzulocken – weil sie ihn verspeisen wollten.

Eine gute Frau sagte, sie sollten doch ins Tierasyl gehen. Sie habe vorige Woche fünf Mark für den Tierschutzverein gespendet.

Im Tierasyl waren die Leute freundlich, aber ein Mann sagte: »Wir lieben Tiere sehr, aber wir haben kein Personal, das die Tiere füttert und betreut.«

Ein Vogel, der entwischt war, erzählte, daß seine Kameraden dort mit Chloroform eingeschläfert wurden, weil keiner Zeit hatte, sie zu füttern.

Eingeschläfert ist auch ein Lügenwort, denn eingeschläfert heißt – getötet.

Die vier gingen weiter, und als sie nicht mehr konnten vor Hunger und Kälte, gingen sie in einen Hof. Legten sich, so gut es ging, zusammen. Der Hahn wärmte die Katze, die Katze wärmte den Hund, der Hund wärmte den Esel, und weil es ihre letzte Stunde war, fingen sie leise an zu heulen – vor Hunger, Durst und Kälte.

In dem Haus aber, zu dem der Hof gehörte, war das Büro einer Schallplattenfirma: ein Tonstudio, die technische Abteilung, die Aufnahmeleitung und die Werbung oben im dritten Stock.

Kaum hörte Herr Jansen, Arrangeur in der zweiten Abteilung, das leise Wimmern und Miauen und das Hundeheulen, da hob er die rechte Hand vor den Schnurrbart und bekam Falten auf der Stirn.

»Schauen Sie mal auf den Hof, Swoboda! Was sehen Ihre schwachen Augen, na?«

»Gammler.«

»Und was hören Ihre scharfen Musikerohren?«

»Einen wahnsinnig irren Sound, Sir. Das pfeift mich vom Klavier, fürwahr.«

»Und was machen wir da, Swoboda?«

»Eine heiße Wurstbude* auf – ich rase schon los.«

---

* fetzige Kiste

Swoboda holte Werkzeug* und Strippe, was der Laden hergab.

»Klüterbaum, sofort an die Ruder.« Klüterbaum war der Tonmeister.

»Meyerring, verrammel still das Tor, damit die Knaben uns nicht entwischen! Und dann besorgt eine geile Atzung für die Jungs, damit sie uns im Kanal bleiben. Künstler hält man nur mit eins a Futter am Leben.«

»Geben Sie Linke bei der Werbung sofort durch, er soll schon mal...«

»Linke weiß Bescheid.«

Sie schleppten Verstärker, zwölf Mikros, Koffer und Kabelrollen möglichst leise in den Hof, und Jansen selber schlich sich von rechts an die Tiere heran.

»Die Musike muß spontan klingen, Klüterbaum. Wenn sie uns bemerken, verlieren sie an Life...«

»Schmidt-Dinkelsbühl von links mit dem Mikro zwo.«

Indes ging Fräulein Bertram unbefangen wie eine gute Frau zu dem Esel und brachte ihm ein Pfund Äpfel, um ihn abzulenken. Die vier heulten immer noch leise vor Hunger vor sich hin.

»Haltet noch zwanzig Minuten so durch, Jungs, dann haben wir das schon mal für alle Fälle drin«, flüsterte Jansen.

Man holte ein paar Häppchen aus dem nächsten Hotel, Rotwein und Sekt, Pastete, Kaviar und Langustenschwänze, was Künstler halt gern schmatzen. Rote Grütze als Nachspeise. Vanillencremetorte mit Schokoladenguß.

»Ein Fest für Götter, fürwahr«, dachte der Hund, und sie hörten auf zu heulen und machten sich über die Atze** her.

---

*   Zubehör der Plattenaufnahme
** Nahrung

»Fürs erste reicht das«, sagte Jansen, »wir legen eine E-Orgel in Es-Dur leicht unter und lassen Zacharias von der Ferne einen Blues drüberfiedeln. WOW! Das pfeift einen Neger dreimal vom Piano und wieder zurück.«

»Die Kameraden sehen mir noch ein bißchen aus wie Tiere, Leute. Macht aber nix, die sehen heut alle so aus. Wir sagen, es seien Kubaner oder Fitschis. Ruf Carlsfeld in Paris an, er soll ihnen das richtige Outfit verpassen.«

Die vier wurden fetzig aufgemotzt, bekamen Perücken, Hüte, Sonnenbrillen, Glimmernietenklamotten mit falschen Diamanten, die nach der zweiten goldenen Platte durch echte ersetzt werden sollten.

»Gegen den Großen mit den strahlendgelben Zähnen ist Mick Jagger ein Hosenvögelchen, den pudert unser Mann von der Rampe, daß es nur so staubt. Schwöre ich.« Jansen.

Man nannte sie POPCORNERS. Sie holten drei goldene Schallplatten in einem Monat, fuhren in der Welt herum, gaben Interviews und Konzerte, und keiner hielt sie für Tiere, sondern für Ausländer. Was der Hund bellte, übersetzte man aus dem Suaheli in die Landessprache. Life.

Als sie genug Geld hatten, kauften sich die vier Kameraden einen Bauernhof und zogen aufs Land, dort irgendwo bei Bremen. Wo sie fröhlich und in Frieden weiterleben. Bis zum Ende der Welt.

Der Fundevogel

Eine Frau war im Wald eingeschlafen, da kam ein Bussard von oben und raubte ihr Kind. Er nahm es mit in sein Nest und zog es auf wie seine eigenen Kinder. Er lehrte es fliegen wie ein Bussard. Er lehrte es sehen wie ein Bussard und lehrte es, ein König zu sein wie ein Bussard. Und bald war's so, daß der Junge auch aussah wie ein Bussard.

Freilich konnte er nicht ganz so gut fliegen wie sein Vater. Konnte auch nicht ganz so gut sehen wie sein Vater, und so geschah es einmal, daß ein Förster, der im Wald auf der Jagd war, ihn fing. Er nahm ihn mit nach Haus, und weil er aussah wie ein Vogel und der Förster ihn ja gefunden hatte, nannte er ihn den »Fundevogel«.

Der Förster aber hatte eine Tochter. Die beiden wuchsen zusammen auf, wurden zusammen größer, und bald konnte einer ohne den anderen nicht mehr leben. Das Mädchen teilte sein Essen mit dem Fundevogel und lehrte ihn sprechen: »Verläßt du mich nicht, verlaß ich dich auch nicht.«

»Verläßt du mich nicht, verlaß ich dich auch nicht«, sagte der Fundevogel.

Nun zeigte sich bald, daß der Fundevogel unter den Federn ein schöner Junge war. Aber weil die Mutter des Mädchens es nicht wissen durfte, sprachen sie nur miteinander, wenn niemand es hörte.

»Verläßt du mich nicht, verlaß ich dich auch nicht.«

»Verläßt du mich nicht, verlaß ich dich auch nicht.«

Die Mutter des Mädchens konnte den Fundevogel nämlich nicht leiden. Jeden Tag gab sie ihm etwas weniger zu fressen und schimpfte, wenn sie sah, daß ihre Tochter ihr Essen mit dem Vogel teilte. Und wenn es niemand sah, haute die Mutter dem Funde-

vogel eins von hinten an den Kopf. Darüber ärgerte sich der Fundevogel, und heimlich, wenn niemand es sah, lehrte er das schöne Mädchen fliegen. Freilich lernte sie es nie so gut, wie ihr Fundevogel es konnte, aber von Tag zu Tag ging's etwas besser. Es verging die Zeit. Das Mädchen wurde immer schöner, und der Fundevogel wurde immer stärker.

»Verläßt du mich nicht, verlaß ich dich auch nicht«, sagte das Mädchen.

Und der Fundevogel sagte: »Verläßt du mich nicht, verlaß ich dich auch nicht.«

Und dann eines Tages, in aller Frühe, flogen der Fundevogel und das Mädchen davon, bauten sich ein Nest auf einem hohen Baum und lebten dort glücklich wie im Paradies.

Prinzessin Mäusehaut

Es war einmal ein reicher Mann, dem gehörte fast alles, was man sehen konnte, wenn man sich vor sein kleines Schloß stellte, das auf einem Berg stand.

Er hatte auch drei Töchter, die mochte er sehr gern. Als er einmal wissen wollte, ob sie ihn auch sehr gern mochten, fragte er sie, *wie* gern sie ihn wohl mögen.

Die erste Tochter sagte: »Ach, ich mag dich so gern wie meinen Pudel. Und so gern wie mein Modellkleid aus Frankreich und so gern wie meinen ganzen, ganzen Schmuck, den du mir gekauft hast. So gern mag ich dich.«

Das war schon sehr viel, denn ihren Pudel mochte sie sehr, sehr gern, und ihr neues Modellkleid mochte sie sehr, sehr gern und erst recht den ganzen Schmuck; er war nämlich sehr teuer gewesen.

Dann fragte der Vater die zweite Tochter.

»Ich mag dich so gern wie den Schmucker Hansl«, antwortete sie.

Der Schmucker Hansl war der schönste Junge im ganzen Tal und der beste Skiläufer. Sein Vater hatte die größten Häuser, und die zweite Tochter hatte ihn wirklich sehr, sehr gern.

»Ich mag dich auch so gern wie das Fliegen«, sagte sie noch.

Das war schon sehr, sehr viel; denn fliegen mochte sie für ihr Leben gern. Der Schmucker Hansl hatte nämlich ein Flugzeug, mit dem durfte sie manchmal fliegen.

Da war der Vater sehr zufrieden.

Als er seine dritte Tochter, die er gerne »die Prinzessin« nannte, weil sie so kleine Füße hatte, Schuhgröße 36, als er die dritte Tochter also fragte, wie gern sie ihn mag, sagte sie: »Ich mag dich so gern wie Salz.«

Sie meinte aber damit, daß sie ohne Salz nichts essen mochte, daß sie Salz immer brauchte, daß sie ohne Salz nicht leben konnte. Aber das wußte der Vater nicht, und er ärgerte sich darüber.

Ja, er war kolossal beleidigt.

Bei der nächsten Gelegenheit meldete er sie in einem Mädchenpensionat an, damit er sie nicht mehr sehen mußte. Nur der Schofför fuhr manchmal hin, um ein paar Kleidungsstücke hinzubringen.

An ihrem neunzehnten Geburtstag wünschte sie sich einen Pelzmantel aus Mäusefell, das ließ sie durch den Schofför sagen. So ein Pelzmantel ist aber gewaltig teuer, man muß sich einmal überlegen, wie viele hundert Mäuse erst mal gefangen, dann abgezogen werden müssen. Und dann müssen die vielen Felle gegerbt und zusammengenäht werden. Dann werden die Maße abgenommen, dann muß der Mantel gefüttert werden – kurzum, viel Arbeit! So viel Geld aber mochte der Vater für seine dritte Tochter nicht springen lassen. Also kaufte die Mutter ihr den Mäusepelz.

Als nun ein reicher Baron sie im Park in diesem Mäusepelz sah, wußte er sofort: Wer einen solchen Pelz hat, der muß wohl sehr reich sein. Und er heiratete sie. Als dann die Hochzeit war und ein Fest in Saus und Braus gefeiert wurde, mit Champagner und Kaviar, mit Rebhuhn in Speck gewickelt und hundertzwanzig Torten, ließ Prinzessin Mäusehaut auch ihren Vater einladen. Prominente Gäste kamen, Filmschauspieler und Grafen, sechs Konsule und zwei berühmte Sportler.

Ihr Vater aber erkannte sie nicht, denn sie hatte sich die Haare lang wachsen lassen und nach vorne gekämmt. Sie trug kurze Minikleider, was der Vater ihr zu Hause immer verboten hatte. Sie trug hohe Absätze und wirkte damit ein ganzes Stückchen größer.

Als dann das Festessen stattfand, ließ sie ihrem Vater alles ohne Salz servieren: Spanferkel vom Grill ohne Salz, Forelle in Aspik ohne Salz, Pasteten ohne Salz, kurzum, alles ohne Salz.

Erst verlangte der Vater von den Dienern etwas Salz, aber sie sagten: »Gibt kein Salz.«

Dann beschwerte er sich, daß alles ungenießbar sei, ohne Salz. »Ohne Salz schmeckt mir nichts«, sagte er. »Ich bin doch kein Kannibale! Also, dann gehe ich lieber nach Hause oder ins Wirtshaus essen.«

Jetzt gab sich ihm seine Tochter zu erkennen und sagte: »Siehst du, ohne Salz kann man nicht leben. So gern mag ich dich, und ohne dich kann ich nicht leben.«

Da küßte der Vater seine Tochter und wußte, daß sie ihn sehr, sehr gern mochte, am meisten von allen seinen Töchtern. Er bat sie um Verzeihung und vererbte ihr alles, alles, was er besaß. So hatte sich der Baron doch nicht getäuscht, denn wer einen Mäusepelz trägt, der muß wohl wirklich sehr reich sein.

Blaubart

Es war einmal ein junger König, der hatte einen blauen Bart. Weil es an der Zeit war und seine Mutter auch sagte: »Du mußt dir eine Frau zur Gemahlin suchen, das Reich braucht eine Königin«, da hielt der König Blaubart also um die Hand der schönsten Prinzessin an, die er finden konnte.

Es war die schöne Camilla. Sie aber sagte: »Waaas? Einen Blaubart zum Mann? Da nähme ich lieber einen gewöhnlichen Junker, nur einen schwarzen Bart müßt' er haben.«

Da hielt der König um die Hand der zweitschönsten Prinzessin an, die er finden konnte.

Das war die schöne Pamela. Aber auch sie sagte: »Waaas? Einen Blaubart zum Mann? Da nähm ich lieber einen gewöhnlichen Junker, nur einen blonden Bart müßt' er haben.«

Der junge König hielt nun um die Hand der dritt- und der viert- und der fünftschönsten an.

Aber alle lachten ihn aus.

Da verkleidete sich der junge König Blaubart in einen Junker, zog sich einen schönen Anzug an, gewichste Stiefel, ein schönes Hemd und obendrein ein buntes Halstuch und sagte zu seiner Mutter: »Ich will über Land fahren und mir eine Frau suchen, Mutter. Und wenn's nur eine einfache Edelfrau wäre – wenn sie mich nur nähme, ich würde sie auch nehmen.«

Zuerst kam er auf eine Hochzeit und traf eine schöne, schwarze Jungfrau. Sie gefiel ihm gut, und er fragte: »Willst du meine Frau werden? Ich bin ein reicher und wohlhabender Edelmann und Gutsbesitzer.«

Sie aber lachte ihn nur aus und sagte: »Waaas? Einen Blaubart? Lieber nähme ich einen gewöhnlichen Kaufmann zum Gemahl, nur müßte er einen blonden Bart haben.«

Da zog König Blaubart weiter und kam auf ein Tanzvergnügen. Dort traf er eine schöne Rothaarige, die gefiel ihm gut, und er fragte sie: »Willst du meine Frau werden? Ich bin ein wohlhabender Edelmann und Gutsbesitzer, morgen könnte die Hochzeit sein.«

Sie aber lachte ihn nur aus und sagte: »Waaas? Einen Blaubart zum Mann? Da nähm ich lieber einen gewöhnlichen Kaufmann, nur einen schwarzen Bart müßte er haben.«

Da ging der König Blaubart weiter und kam in eine kleine Stadt, kam auch in ein kleines Dorf, kam überallhin, und überall traf er schöne Jungfrauen, die er gern genommen hätte, aber alle sagten ihm das gleiche.

Da ging der junge König Blaubart zurück in sein Schloß und verkleidete sich als einfacher Kaufmann. Dann sagte er zu seiner Mutter: »Ich will wieder über Land fahren und mir eine Frau suchen, Mutter. Und sollte es nur eine einfache Bürgerstochter sein, wenn sie mich nur nähme, ich würde sie auch nehmen.«

Und er traf zuerst die Tochter eines Bäckermeisters. Sie gefiel ihm nicht schlecht, denn sie war nicht zu dick, eher etwas zu dünn, und auch nicht zu groß.

Er fragte sie: »Willst du meine Frau werden? Ich bin ein Kaufmann, und mir geht es nicht schlecht.«

»Waaas? Einen Blaubart zum Mann?« lachte sie. »Da nähme ich ja lieber einen einfachen Bettler, nur einen schwarzen Bart müßte er haben.«

Und Blaubart ging weiter. Dann traf er die Tochter eines Krämers. Und dann die eines Schusters, auch noch die eines Fischers, aber alle lachten über ihn. Lieber würden sie einen Bettler nehmen als einen Blaubart.

Viele Jahre vergingen darüber.

Da sprach Blaubart zu seiner Mutter: »Die Zeit eilt, und unser Land braucht eine Königin. Fände ich nur eine, die mich *von*

181

Herzen liebt, ich würde sie zur Königin machen, und wär's ein Bettelmädchen. *Nur müßte sie mich von Herzen lieben,* Mutter.«

Die gute Mutter riet ihrem Sohn, sich doch als Bettler zu verkleiden und noch einmal durch das Land zu ziehen. Was er auch tat.

Nach langer Zeit traf er an einem Bach ein Bettelmädchen, welches sich dort die Füße wusch. Zwar gefiel sie ihm nicht, sie war etwas zu dick, vielleicht auch zu dünn. Oder zu groß oder zu klein, doch setzte er sich neben sie. Denn alles dies war ihm gleich, wenn sie ihn nur *von Herzen liebte.*

Er fragte sie, ob sie seine Frau werden wolle. »Ich habe ein paar gesparte Heller in meinem Beutel, wir könnten damit eine kleine Weile gut leben. Nur müßtest du mich *von Herzen lieben.*«

Von Herzen lieben? Das Mädchen betrachtete ihn von oben bis unten. Sein Bart war längst weiß geworden, sie aber wollte nur einen Blaubart von Herzen lieben, denn auch Bettelmädchen tragen einen Liebestraum in sich, mit sich herum.

Blaubart hin, Weißbart her, sie sagte: »Ja, ich liebe dich von Herzen.« Denn ein paar Heller im Beutel sind einem Bettelmädchen lieber als ein Blaubart im Traum.

Und so zogen sie in eine alte Hütte und lebten wie die Bettler. Schliefen auf Lumpen und ernährten sich armselig.

Da es aber an der Zeit war, sie als Königin heimzuführen, wollte der Königssohn seine Frau prüfen, ob sie ihn auch wirklich *von Herzen liebe* oder nur seine paar Heller. Er sprach: »Nun ist mein Beutel leer, meine liebe Frau, wenn wir zusammenbleiben, müssen wir zu zweit verhungern. Wenn wir jeder einen anderen Weg gehen, können wir vielleicht überleben. Einer ernährt sich leichter als zwei. Was wollen wir tun?«

Doch das Bettelmädchen hatte längst in seinen Beutel geschaut, als er schlief. Hatte dort Golddukaten gesehen, doch nichts ge-

sagt, denn sie ahnte, daß dieser Mensch sie nur prüfen wollte. Denn auch Bettelmädchen sind nicht dumm. Und sie sagte: »Was auch geschieht, ich bleibe bei dir, denn ich *liebe dich ja von Herzen.*«

Da führte der Königssohn sie heim ins Schloß und machte sie reich und zur Königin des Landes.

Leider starb er bald, aber glücklich, denn er hatte eine Frau gefunden, von welcher er meinte, sie *liebe ihn von Herzen.*

Als er tot war, ließ die Königin in ihrem Reich einen Blaubart suchen, wie sie ihn als Bettelmädchen erträumt hatte, und den sie *von Herzen liebte,* als man ihn fand, und machte ihn zum König. Freilich liebte *er* sie nicht, denn sie war ihm zu dick. »Dick hin, dick her«, dachte er, »Hauptsache, ich bin König.«

Sie gebar ihm einen Sohn, der hatte einen blauen Bart, und sie nannten ihn Blaubart.

Als die Zeit kam, da der Sohn eine Frau zur Gemahlin nehmen sollte, machte er sich auf in die Welt, eine zu suchen, welche ihn *von Herzen liebt.* Es erging ihm wie jenem ersten Blaubart, keine nahm ihn, bis er wieder ein Bettelmädchen fand, das er zur Königin machte, und so geht das weiter, bis ans Ende der Welt.

Kegel- und Kartenspiel

Es war einmal ein König, der hatte eine Tochter, die war sehr, sehr schön. Deswegen paßte dem König auch keiner so recht, der um ihre Hand anhielt und sie heiraten wollte. Einer war ihm zu dick, der andere zu dünn. Jedem stellte er komplizierte Fragen, und konnte sie der Mensch nicht beantworten, kam er nicht in Frage. Schon über hundert hatten um die Hand seiner Tochter angehalten, aber alle hatte er weggeschickt: Barone, Grafen, ausländische Prinzen und einen tschechischen Fürsten.

»Man muß bedenken«, sagte der König, »daß meine Tochter erstens sehr schön ist. Zweitens bekommt sie ein ganzes Königreich als Mitgift, das ist mehr als nichts. Drittens bin ich überhaupt der Vater und habe hier zu bestimmen. Punktum, aus.«

So verging die Zeit. Der König wurde älter und die Tochter auch, sie bekam schon Falten im Gesicht.

Da ließ der König im ganzen Land bekanntgeben: »Wer es drei Nächte in meinem Schloß Geierstein am Hinkelbein aushält, dabei weder zu Tode kommt noch davonläuft, bekommt meine schöne Tochter zur Frau.«

Schloß Geierstein war ein fürchterliches Gespensterschloß, und Hinkelbein hieß der fürchterliche Gespensterberg, auf dem es stand. Im Umkreis von fünf Kilometern konnte man jede Nacht die Geister heulen und mit ihren Knochen klappern hören: »Huiiiihuihui klappklapperradapp huihuihui…«

Schlimm!

Punkt zwölf Uhr fing es an, ging ohne Pause bis ein Uhr. Da sich niemand, auch bei Tag nicht, in die Nähe des Schlosses traute, wuchsen dort die Bäume tausend Jahre lang; denn niemand wollte sie abschlagen.

»In jedem Baum haust ein toter Landsknecht«, sagten die Leute.

»Und wer ihn absägt, dem trommelt der Landsknecht mit seinen Gebeinen jede Nacht von zwölf bis eins so lange auf den Schädel, bis er verrückt wird.« Deswegen wuchs rings um den Hinkelbein Urwald.

Schwarze Geiergeister kamen Punkt zwölf geflogen, größer als Gewitterwolken und schwarz wie der Teufel und mit Glutaugen aus grünem Kaltfeuer. Sie verdeckten mit ihren Flügeln den Mond und die Sterne, und die Nacht war dann so schwarz, daß man seinen eigenen Leib nicht sehen konnte. Ehe du dich's versahst, schwebten sie über dich hinweg, streiften dich mit ihren blanken Krallen. Die Narben aber blieben bis zum Tode und heilten nie, waren bei Nacht während der Geisterstunde schmerzhaft wie Feuer und leuchteten grün.

Und in dieses furchtbare Geisterschloß mußte sich ein junger Mensch, wollte er die Tochter des Königs heiraten, einschließen lassen, um zu beweisen, daß es ihn vor gar nichts graust. So wollte es der König.

Nun wohnte damals in der Stadt, wo der König seinen Palast hatte, ein junger Bursche, ein Biertrinker, der an gar nichts anderes dachte als an Kegeln, Kartenspiel und Pokern. Zum Arbeiten hatte er schon gar keine Lust. Alles, was er je in die Finger bekam, setzte er sofort im Spiel ein, so lange, bis er's verlor, falls er's nicht lieber versoff.

Als der junge Bursche von des Königs Angebot hörte, sagte er: »Verlieren kann ich nichts, denn ich hab schon alles verloren. Aber gewinnen kann ich, und zwar ein ganzes Königreich. Das würde mir achthundert Jahre reichen, um mit den höchsten Einsätzen zu pokern und zu kegeln, also geh ich hin und mach's.«

An die Königstochter dachte er dabei überhaupt nicht; denn er hatte nichts anderes im Kopf als Kegeln und Kartenspiel. Und Biertrinken.

Jedoch durfte er in das Schloß Geierstein am Hinkelbein niemanden mitnehmen. Keinen Kameraden, mit dem er hätte Karten spielen können, nicht einmal einen Hund. Nur Karten hatte er bei sich und Würfel; die hatte er immer bei sich, bei Tag und bei Nacht, weil er nichts anderes im Kopf hatte als Kegeln und Kartenspiel. Und Biertrinken, wie gesagt.

Die Nacht war finster. Im Schloß Geierstein am Hinkelbein gab es kein elektrisches Licht, nur im Notfall Petroleum und etwas Feuer im Kamin. Und als es zwölf schlug und der Bursche schon ungeduldig wurde, denn er hatte bis da mit sich allein würfeln müssen und dabei immer verloren, war auf einmal ein fürchterliches Gepolter im Kamin, und mit einem Satz sprang der »Baron ohne Kopf« in den Saal und umkreiste dreimal den Burschen.

»Bravo, bravo!« rief der Bursche. »Endlich ein Kamerad zum Kegeln, komm her, Thaddäus, wir machen ein Spielchen!«

Der Baron hatte vor hundertfünfzig Jahren in der Schlacht seinen Kopf verloren und nicht wiedergefunden und mußte nun so lange im Schloß Geierstein am Hinkelbein spuken, bis er eines Menschen Kopf eroberte, der genau auf seinen Hals paßte.

»Das soll wohl sein«, sagte der kopflose Baron. »Aber nur, wenn du deinen Schädel einsetzt, Kamerad.«

»Nicht so«, sagte der Bursche, »nur Kopf gegen Kopf. Du aber hast keinen Kopf.«

Während sie sich noch unterhielten, polterten durch den Kamin Totengebeine, tanzten auf dem Tisch, Totenschädel fielen herunter und rollten auf dem Boden herum. Schwarze Katzen sprangen dem Burschen direkt ins Gesicht und durch ihn hindurch, denn es waren Geisterkatzen, und er spürte nichts davon. Hunde mit Feuerzähnen bissen ihn in den Hals, aber auch davon spürte er nichts. Nicht einmal Furcht hatte er, denn er dachte immer nur an Kegeln und Kartenspiel. Und es juckte ihn schon so in den Fingern, daß er auch seinen Schädel eingesetzt hätte. Und als der Baron ohne Kopf sein Gespensterschwert dagegen setzte, war der Bursche einverstanden. Er fing etliche Totengebeine und stellte sie auf. Dann fing er ein paar Totenschädel als Kegelkugeln, aber kaum hatte er die Gebeine aufgestellt, kamen andere und schlugen sie weg. Zugleich flogen die Geiergeister durch die Säle, durch Wände und Mauern, knirschten mit den Schnäbeln, und die Gespenster heulten, die Gebeine klapperten: »Huuiiiiiihuihui klappklapperrapp...«

Schlimm!

Kaum waren die Gebeine wieder aufgestellt, nahm der Baron ohne Kopf einen Totenschädel und tat den ersten Wurf, traf nicht, und der junge Bursche tat den zweiten Wurf – da war es ein Uhr, und der Spuk war verschwunden. Mitsamt den Gebeinen und den Schädeln!

Der junge Bursche konnte die nächste Nacht kaum erwarten: So wie das Spiel angefangen hatte, *mußte* er gewinnen. Den ganzen Tag über dachte er an nichts anderes als an Kegel- und Kartenspiel.

In der zweiten Nacht ging es genauso wie in der ersten. Nur war das Heulen und Klappern lauter: »Huhuuiiiiiihuhui klappappaparappklapp...«

Ganz schlimm!

Wieder fingen sie das Spiel an. Kaum hatte der Bursche die Gebeine aufgestellt und der Baron ohne Kopf den ersten Wurf getan und danebengetroffen und der junge Bursche den Totenschädel genommen und wollte – da war die Geisterstunde zu Ende, und der Spuk war verschwunden.

Die dritte Nacht war noch viel, viel schlimmer. Aber der junge Bursche merkte nichts davon, denn er hatte nur Kegel- und Kartenspiel im Kopf, schnappte sich die Totengebeine, kaum daß sie durch den Kamin gesaust kamen, und fing an, sie aufzustellen. Diesmal heulten die Gespenster noch viel, viel lauter: »Huihuihuiiiiiiiiiiihuihuihui klappklapp.«

Ganz, ganz schlimm!

Kaum hatte er die Gebeine aufgestellt, kamen andere Gebeine und schlugen sie weg. Und als endlich der kopflose Baron den ersten Wurf getan hatte und danebentraf, war der junge Bursche ganz sicher, daß er gewinnen würde. Er nahm einen Totenschädel, wollte – da war die Geisterstunde wieder zu Ende. Die Gebeine waren weg und der ganze Spuk vorbei.

Als nach der dritten Nacht der König kam, fand er den jungen Burschen munter auf einem Sofa liegen und pfeifen. Er wartete schon auf die nächste Nacht, um mit dem kopflosen Baron sein Kegelspiel zu Ende zu spielen.

»Sie haben meine Tochter gewonnen, Herr. Sie sind nun König über mein Reich.«

Aber der Bursche hörte gar nicht zu, was der König sagte. War ihm auch egal, er hatte nichts anderes im Kopf als Kegel- und Kartenspiel. Wartete schon auf die nächste Nacht, um die Partie mit dem Baron ohne Kopf zu beenden, und sagte: »Ich muß die Partie beenden, Majestät, es geht um Kopf und Kragen. Werde mich melden, wenn es soweit ist.«

Er hat sich freilich nie gemeldet, denn die Partie kam nie zu einem Ende. Die Königstochter verstarb, das Reich zerfiel, nur das Schloß Hinkelbein am Geisterstein blieb uns erhalten. Und einer mehr, welcher dort herumspukt und die Partie nie zu Ende spielen kann.

So kann es gehen, wenn dem Vater, dem König keiner recht ist für seine Tochter und er Bedingungen stellt, die veraltet sind. Hoffnungslos veraltet.

Der süße Brei

Es war einmal eine arme Frau, deren Mann gestorben war, die hatte eine Tochter. Einmal, als sie wieder nichts zu essen hatten, ging das Mädchen in den Wald und sagte: »Vielleicht werde ich Pilze finden oder Beeren, oder ich treffe die Zauberwaldfee, und sie schenkt mir einen Topf, der immer kocht, und die Speise geht nie zu Ende.«

Im Wald aber waren keine Pilze, nur etliche giftige. Es wuchsen dort auch keine Beeren. Doch das Mädchen traf die Zauberwaldfee, und die gab ihm einen Topf.

Sie sagte: »Wenn du sagst: ›Töpfchen geh!‹, dann fängt der Topf an, einen süßen Brei zu kochen, soviel du willst, ohne daß du etwas hineintust, und es hört erst auf, wenn du sagst: ›Töpfchen steh!‹ Aber vergiß es nicht: ›Töpfchen steh!‹«

Das Mädchen freute sich, denn süßer Brei war zufällig auch seine Leibspeise.

Es brachte den Topf nach Haus, und auch die Mutter freute sich, denn süßer Brei macht schön satt. Und von da an hatten sie wenigstens süßen Brei zu essen.

Als sie nun immer satt waren und ihr Auskommen hatten, stellten sich Wünsche ein. So sagte die Mutter: »Ich könnte einen neuen Mann nehmen und ihn leicht ernähren, denn

werden erst mal zwei satt,
auch ein dritter noch was hat.«

Und so nahm sie sich einen Gemahl.

Das Töpfchen kochte und kochte, soviel sie nur wollten. Und die drei wurden gut satt, so daß das Mädchen jetzt auch einen Mann zum Gemahl wollte und sagte:

191

»Werden erst mal dreie satt,
auch ein vierter noch was hat.«

Da sie keine Not litten und keine Sorgen mehr hatten, war die Mutter nicht dagegen, und die Tochter heiratete einen schönen dicken Jungen.

Sie hatten alle vier genug zu essen und ließen den Topf kochen, so lange es ihnen gefiel. Sagten sie »Töpfchen steh!«, hörte es auf.

Bald sagte der Mann zur Mutter: »Schade ist es um den schönen vielen Brei, den wir kochen könnten, wenn wir wollten, den wir aber nicht essen können, weil wir schon satt sind. Wir sollten ihn verkaufen.«

Und das taten sie. Weil der Brei süß war und gut schmeckte – er brauchte auch nicht nachgezuckert zu werden, ja, es erwies sich sogar, daß er jedem genau so schmeckte, wie er ihn am liebsten mochte –, weil der Brei also so gut war, verkauften sie viel davon.

Das Töpfchen aber kochte und kochte.

»Der Topf ist ja eine Goldgrube«, sagte der schöne dicke Junge, den die Tochter geheiratet hatte. »Wir werden eine Breikonservenfabrik aufmachen und die Konserven in Paketen überall hinschicken. Da werden wir reich.«

Und das taten sie auch. Sie ließen den Topf Tag und Nacht kochen und verkauften den Brei in die Stadt, auf das Land und ins Ausland.

Und sie wurden immer reicher.

Sie bauten eine Fabrik, bauten sich eine Villa mit allen Schikanen: Zentralheizung, Klinkerziegeln, Fensterbänken aus Marmor. Sie kauften sich afghanische Teppiche und für jeden einen Schaukelstuhl, kauften französische Betten und polierte Möbelstücke, kauften raffinierte Kleider nach der neuesten Mode, weiche Polstersessel, kurz, fast alles, was ihnen einfiel. Als das Haus zu klein dafür wurde, bauten sie noch eines daneben.

Bald wollte die Mutter einen Nutria-Pelzmantel. Dafür wollte die Tochter einen Breitschwanz und einen Nerz, und so ging das immer weiter. Sie hielten sich teure Pudelhunde, die vom Hundefriseur gepudert und frisiert und obendrein parfümiert wurden wie Tänzerinnen.

Und jeder von den vieren bekam ein eigenes Auto.

Als sie alles hatten, was es gab, die Männer in Kamelhaarmänteln herumliefen und die Frauen sich ondulieren und pediküren ließen, fiel ihnen kein Wunsch mehr ein. Da fingen sie an, Golf und Bridge zu spielen, um die Zeit totzuschlagen. Sie liefen auch in die Operette und ins Kabarett, den Topf ließen sie kochen und kochen. Der Brei wurde von zwei Männern in Dosen gepackt, von drei Männern in Pakete verschnürt und in Lastwagen verladen.

Indes wurden die vier immer reicher. Bald kauften sie sich ein Haus an der Riviera und eines in Alicante. Aber auch eines in Kitzbühel, zweitausend Meter über dem Meeresspiegel, und zwei Grundstücke in Kanada und ein Apartment in Rom.

Das Töpfchen kochte und kochte, sie hatten das Zauberwort längst vergessen. Das wäre auch nicht schlimm gewesen – aber eines Tages waren fast alle Leute auf der Welt satt von dem Brei. Und da geschah es, als die vier an einem Nachmittag im Wohnzimmer saßen, Cocktail tranken und Nüsse knabberten, daß durch die Wohnzimmertür der Brei hereinkam. Zuerst spürte das Mädchen etwas Warmes im Rücken.

Als sie sich umdrehte, war es schon zu spät.

Der Brei hatte die Tür verstopft, und nun kam er auch schon durch die Fenster herein.

»Das ist doch nicht schlimm«, sagte das Mädchen, »wir sagen einfach das Zauberwort, dann hört er auf zu kochen.«

»Na los!« rief der Mann. »Sag es schon, es ist dein Topf. Und beeile dich, der Brei läuft mir schon in die Schuhe.«

»Töpflein, Töpflein, dreh dich nicht um…«, sagte das Mädchen. Aber das stimmte nicht.

»Töpflein, Töpflein an der Wand…«

Nein, stimmte auch nicht. Und weil das Zauberwort so einfach war, fiel es ihnen nicht mehr ein, dem Mädchen nicht, der Mutter nicht, den andern nicht, und das Töpflein kochte und kochte und kocht immer weiter, bald wird der Brei unser Land begraben und die ganze, ganze Welt – los, sag schnell das Zauberwort, wenn du's noch weißt!

Schreib's hierher:

Der faule Heinz

Heinz sollte zwischen seinem Hof und dem Hof des Nachbarn einen Zaun aufstellen. Er sollte erst Holz zurechtschneiden, dann sollte er Nägel holen und den Hammer suchen, sicherheitshalber noch die Säge mitnehmen, falls er etwas nachsägen mußte. Und danach noch den Hof fegen, die Späne weg!

Aber er war so faul!

Er legte sich erst mal auf das Kanapee und dachte: »Das ist viel Arbeit! Erst einmal das Holz schneiden, und paßt es nicht, war die ganze Arbeit umsonst. Laß ich's in der Sägerei schneiden, muß ich's tragen. Ist auch viel Arbeit. Dann Nägel holen und den Hammer suchen! Ich weiß nicht, wo der Hammer liegt. Find ich ihn nicht, such ich, so lang ich leb; denn wie schnell ist das Leben vorbei. Find ich ihn doch, was hab ich davon? Noch mehr Arbeit. Und dann die Zaunpfähle zusammenkloppen. Dabei hau ich mir auf den Finger, da kommen die Schmerzen dazu, ich halt's nicht aus. Da leg ich mich doch lieber erst mal hin.«

Blieb also auf dem Kanapee liegen, und als er aufwachte und ihm der Zaun wieder einfiel, sagte er: »Ich hab's! Ich heirate die Tochter vom Nachbarn und brauch keinen Zaun zu bauen. Und *er* braucht auch keinen Zaun zu bauen. Und das Beste daran ist: sollte einmal etwas Dreck von selber auf dem Hof sich sammeln, kann die Trine ihren Hof und meinen Hof in einem Zug durchfegen, denn wir haben ja keinen Zaun dazwischen. So mach ich's. Morgen fange ich sofort an, sie zu fragen.«

Drehte sich erst einmal um und schlief ein bißchen.

Am nächsten Tag nahm er sich einen Stuhl mit und setzte sich an die Grenze von seinem Hof, dort, wo der Zaun hingemußt hätte.

»Was soll ich erst so weit laufen«, dachte er. »Das macht mich

197

unnötig müde. Ich warte hier, denn einmal muß der Nachbar ja vorbeikommen, ist doch sein Hof, der hier anfängt.«

Setzte sich also auf seinen Stuhl und wartete.

Einmal kam der Nachbar vorbei und weckte den Heinz, der eingeschlafen war.

Und als der Heinz ihn um die Hand seiner schönen, dicken Tochter Trine bat, überlegte er nicht lange und gab sie ihm zur Frau. Denn die Trine stand ihm nur den ganzen Tag im Weg herum, so faul war sie.

Und weil der Nachbar auch sparsam war, sagte er abends im Bett zu seiner Frau: »No, was will ich mehr? Heinzens Hof grenzt an meinen. Also sparen wir uns einen Zaun. Das macht vierhundertfünfzig Markt, das ist kein Katzendreck. Bring ich sie auf die Bank, vermehren sie sich bei einem guten Zins in zehn Jahren um das Doppelte. Nicht zugerechnet der Wert von Haus und Garten. Na, und unsere Trine ist unter der Haube.«

Also ging die Trine gleich hinüber und blieb beim Heinz.

»Es gibt nicht Besseres auf der Welt«, sagte die Trine, »als sich Arbeit zu ersparen.«

Die Zeit, die sie sich erspart hatten, weil der faule Heinz keinen Zaun bauen mußte, legten sie sich aufs Kanapee. Sie blieben so lange liegen, wie er gebraucht hätte, um den Zaun zu bauen, und dann noch die Zeit, die er gebraucht hätte, sich danach auszuruhen. »Und fegen muß ich jetzt auch nicht«, sagte die schöne, dicke Trine. »Denn wo nicht gearbeitet wird, fällt auch kein Dreck herunter.«

Und die Zeit, die sie sich damit gespart hatten, blieben sie auf dem Kanapee liegen.

»Für das Geld«, sagte der Heinz, »das wir uns durch den Zaun erspart haben und weil man auch nach soviel Arbeit Hunger bekommt, kaufen wir uns gute Speisen und Getränke. Wein und etwas Wurstbrot würden mir gut schmecken.«

»Schokolade und Konfekt aber auch«, sagte die schöne, dicke Trine.

Aber weil man zum Einkaufen sich erst wieder den Hut aufsetzen und dann die Türe aufmachen und auf die Straße hinausgehen mußte, blieben sie lieber auf dem Kanapee liegen, um sich dafür auszuruhen. Aber als der Appetit größer wurde, ging die schöne, dicke Trine zum Kaufmann, kaufte alles ein, und sie machten sich einen schönen Tag auf dem Kanapee.

Das machte sie müde, und sie blieben auf dem Kanapee liegen, um sich den schönen Tag nicht durch unnötige Bewegungen zu verderben.

»Der Herbst wird kommen«, sagte der Heinz, »und wird Blätter auf den Hof wehen. Dann muß einer aufstehen und fegen. Da wäre es am besten, wir hätten ein Kind, das könnte den Hof fegen.«

»Aber vielleicht kommt kein Herbst«, sagte die Trine. »Oder es kommt ein Wind und weht die Blätter weg.«

»Ist gut«, sagte der Heinz, »dann brauchen wir auch kein Kind. Sparen wir uns wieder Arbeit«, drehte sich zur Wand und ruhte sich etwas aus. »Weißt du«, sagte die Trine schon halb im Traum, »je mehr man sich bewegt, um so schneller vergeht die Zeit. Und vergeht die Zeit, vergeht auch die Jugend. Wär schade drum.«

Als der Heinz wieder Hunger bekam, sagte er: »Aber wenn wir doch ein Kind hätten, könnte es Hochzeit machen, und wir könnten uns in den Sessel setzen und uns satt essen.«

»Aber dann müßten wir extra wieder aufstehen und unsere Sonntagskleider sauberbürsten und sie danach wieder in den Schrank packen.«

»Ist gut«, sagte der Heinz, »also brauchen wir kein Kind. Da sparen wir uns auch wieder viel Zeit.«

Für die gesparte Zeit blieben sie auf dem Kanapee liegen. Dort liegen sie wohl heute noch.

Fix und Fertig der Soldat

Ein Soldat war nach dem Krieg übriggeblieben, weil ihn keine Kugel getroffen hatte. Da stand er nun, hatte nichts gelernt als Mord und Totschlag und fand deswegen keine Arbeit. Denn was einst gelobt wurde, ja, gar eine Ehre war, wofür er mit Orden geschmückt worden war, also Mord und Totschlag, war mit einmal verboten.

Weil er nichts zu essen hatte und keine Wohnung bezahlen konnte, machte er sich auf den Weg, eine Arbeit zu finden, denn er hatte noch etwas gelernt, nämlich blind gehorchen. Das, meinte er, könne doch wohl einen Mann ernähren.

Und als er so dahinzog, hier und da nachfragte, ob man einen solchen wie ihn brauchen könne, kam er zu einem Gutshof. Er schaute durch das Eisentor und erkannte dort in dem kiesbestreuten Hof und üppigen Garten seinen früheren General, Herrn von Beerenberingen. Er freute sich, zog die Glocke, verzog schon das Gesicht zu einer freudigen Begrüßung, denn just dieser war es, der ihn alles gelehrt hatte, was er konnte, und wollte sich zu erkennen geben, *er* sei es, des Generals einstmaliger Soldat, denn der hatte ihm einmal die Hand geschüttelt, ihm einen Orden an die Jacke geheftet, der *mußte* ihn kennen, natürlich mußte er ihn kennen, denn er hatte ihm damals aufrecht ins Auge geschaut.

Der General kam, das Tor zu öffnen, und sagte: »Ja! Was ist?«

»Gefreiter Fix und Fertig meldet sich zur Stelle«, so nämlich hieß der Soldat und schlug die Hacken zusammen. Sagte noch: »Eisernes Kreuz zwoter, dreimal verwundet, jede Schlacht überlebt.«

Der General schaute ihn an: »Sie haben wohl Hunger, Mann?

Wir haben alle Hunger, die guten Zeiten sind leider vorbei, bedanken Sie sich beim Feind.« Hatte mit »guten Zeiten« den Krieg gemeint und schloß das Tor.

Den Krieg hatten sie, also er, der General, aber noch mehr der Soldat, verloren. Dann hörte Fix und Fertig, wie die Stiefel sich auf dem Kiesweg immer weiter entfernten, und lehnte sich müde an die Mauer neben dem Tor.

Bald aber hörte er, wie die Schritte wieder zurückkamen, der General öffnete erneut das Tor und frage: »Wie sagten Sie, war der Name? Fix und Fertig? Jajajaja, natürlich entsinne ich mich, so hießen sie doch alle, die Jungs, na komm' Se rein in die jute Stube, wolln sehn, wat man tun kann. Könn' Se gehorchen?«

»Das sowieso«, schnarrte Fix und Fertig und schlug die alten Stiefel zusammen.

Natürlich konnte der General sich an den Namen nicht erinnern, denn wozu sollte sich einer einen Namen von einem merken, der morgen wahrscheinlich schon tot sein wird? Die meisten werden morgen schon tot sein. Sofern sie keine Offiziere sind, welche sich weiter hinten aufhalten müssen, damit sie nicht getroffen werden. Von verirrten Kugeln oder Granaten. »Nehm' Se Quartier im Gesindehaus, lassen Sie sich einen Schlag aus der Gulaschkanone geben, hahaha, haben wir hier natürlich nicht, die Zeiten sind vorbei. Die Köchin soll Ihnen was zu futtern geben, und melden Sie sich dann bei meiner Frau. Sie hat hier den Oberbefehl. Na, nischt für unjut!«

Erst Speisung, dann Gartendienst.

Fix und Fertig tat alles, wie es ihm befohlen wurde, ohne zu fragen, ohne zu überlegen, und man gewöhnte sich an ihn wie an einen Apparat von Siemens oder Mannesmann. Macht alles und braucht wenig Strom. Bald vergaßen sie sogar wieder seinen Namen.

Fix und Fertig war sehr froh, daß er so gut untergekommen war,

und wurde noch froher, als er merkte, daß hier alles so war wie einst. Er mußte nichts anderes dazulernen.

Nur Mord und Totschlag gab es nicht. Solange es ohne Krieg ging. Er bestellte also den Garten, ging für die Frau General einkaufen, hielt den Hof sauber, brauchte sich aber um die Pferde nicht zu kümmern, denn davon verstand er nicht genügend, dafür gab es einen Stallknecht.

Einmal in der Woche fanden sich auch die alten Kameraden des Generals wieder ein. Majore, Ritterkreuzträger, Korvettenkapitäne, alle standen sie bei der neuen Regierung nun wieder in doppeltem Sold, denn neue Soldaten mußten das lernen, was Fix und Fertig schon gelernt hatte und nun konnte. Für den nächsten Krieg. Die Herren bewohnten die umliegenden Güter und Villen. Sie veranstalteten rauschende Feste wie einst.

Im alten Jagdhaus saßen die Damen nett bei Kaffee und Kuchen beisammen und unterhielten sich charmant mit einem Ritterkreuzträger oder Offizier der alten Schule. »Nun sagen Sie, Herr Major, was schoß Ihre Gattin bei der letzten Treibjagd in Salzburg?«

Fix und Fertig fühlte sich hier wie im wohlverdienten Paradies der Soldaten, nur ohne das Blut der früheren Jahre. Auch seine Verpflegung ließ nichts zu wünschen übrig. Von den Speisen der rauschenden Feste blieb vieles übrig, konnte mit Wasser verdünnt oder mit Kartoffeln gestreckt werden, und dann bekam es das Gesinde. Immer noch hundertmal besser als Gulaschkanonenerbsen mit Mäusedreck. Fürwahr!

Und nach dem Essen bliesen die Herren Offiziere zur »großen Attacke«, wie der General es scherzhaft nannte. »Ruskis knallen«, nannten sie's auch. Krimsektflaschen hinter dem Haus von den Zaunlatten ballern. Jeder Treffer ein toter Ruski. Natürlich waren die ersten Flaschen bald erlegt, neue mußten leer gesoffen werden, doch dann wurden die Toten seltener, die Herren trafen nicht mehr so oft, Alkohol schärft zwar den Mut vor dem Feind, aber nicht das Zielauge.

Wenn sie nicht mehr trafen, verglichen sie ihre alten Zahlen von einst, aus dem Krieg, und rechneten sie zusammen. Wer die wenigsten Toten auf den Schlachtfeldern zurückgelassen hatte, hatte verloren. Daß nicht gelogen wurde, war Ehrensache, ein deutscher Offizier lügt nicht. »Der Verlierer zahlt eine Kiste Russensekt, ist das klar?«

Und so ging es immer gar lustig zu.

Es kamen auch Herren der neuen Regierung, die man gern einlud, weil sie ihren Polizeischutz mitbrachten, welcher draußen vor dem Tor für einen ruhigen Verlauf der Festlichkeiten sorgte. Damen und Herren aus der Industrie waren dabei, denn viele der alten Kameraden konnten in der Regierung nicht mehr untergebracht werden, die Regierung war schon überfüllt, und so mußten sie als Aufsichtsräte ihr Geld verdienen.

Aber sie alle kannten Fix und Fertig. Denn wenn sie zu ihrem Treffen kamen, wer stand an der Tür? *Er.* Fix und Fertig. Hier und da steckte ihm einer von ihnen schon mal eine Mark zu. Was für ein großes Gefühl für Fix und Fertig, von jedem der Herren gekannt zu werden!

Nun denn, als des Generals Tochter Gudrun einen alten Haudegen aus der gemeinsamen Vergangenheit heiraten sollte, der eine Kriegskasse rechtzeitig ins Ausland sichergestellt hatte und noch nach Argentinien entkam, dort riesige Ländereien besaß und die Regierung in Sachen Mord und Totschlag beriet, bat dieser Mann seinen Schwiegervater, ihm doch den Alten, der da immer so unerschütterlich neben der Tür stand, »wie ein Mohr aus der guten alten Kolonialzeit« zu verkaufen. Als Hausschmuck sozusagen, als eine seltene Antiquität: »Einen Tausender auf die Hand, Jeneral! Wie heißt der Mann eijentlich?«

»Weeß ich nich, und auch für das Doppelte, Lagerkommandant,

jeb ick den nich ab. Nu hab ich den schon so lange durchjefüttert, nu soll er hier och bejraben werden. Ooch ein Mensch ist ein Mensch, alles wat recht is«, lachte der General.

Und als Fix und Fertig hörte, welch einen Wert er doch für seinen General hatte, gehorchte er ihm noch blinder bis zu seinem Tod.

Rapunzeln

Es waren einmal ein Mann und eine Frau, an denen war nichts besonders Auffallendes. Der Mann sah aus, wie fast alle Männer aussehen, hatte einen etwas zu dicken Bauch, etwas zu lange Hosen, kurze Haare und ging jeden Tag zur Arbeit.

Die Frau war so schön, wie fast alle Frauen schön sind. Sie hatte immer gut frisierte Haare, war nicht zu dick, eher Mittelgewicht, kannte sich in allen Fragen der Welt aus und las die Zeitungen aufmerksam durch.

Sie hatten eine gemütliche Wohnung, einen Farbfernseher mit einem Bildschirm über einen Meter und Fernbedienung. Die Möbel waren modern und alle bezahlt, die Teppiche von guter Qualität. Und so hatten sie fast alles, was das Herz sich wünschen kann, nur zwei Dinge hatten sie nicht: Sie hatten keinen Garten und kein Kind.

Aber neben ihnen wohnte die Frau Gothel, und die hatte einen Garten. Von ihrem Küchenfenster konnten die beiden Leute sehen, was dort wuchs. Und was wuchs dort? – Rapunzeln.

Rapunzeln aber gibt es nicht; denn sie wachsen nur in den Gärten von Zauberern. Aber auch in den Gärten von Erdnußzwergen und in den Gärten, die den Feen gehören. Frau Gothel war aber kein Erdnußzwerg. Auch kein Zauberer. Also war sie eine Fee. Frau Gothel war eine Fee.

Jeden Abend nach dem Fernsehen sagte die Frau zu ihrem Mann: »Ich wünsch mir ja so sehr ein Kind. Ach, Gott, hätten wir doch bloß ein Kind! Dann wäre es mir nicht mehr so langweilig, und wenn wir einmal alt sind, hätten wir jemanden, der uns pflegt. Hätten wir doch bloß ein Kind! Findest du das nicht auch?« Auch der Mann wünschte sich ein Kind. Doch das nutzte nichts, sie bekamen kein Kind, und die Jahre vergingen.

Aber dann auf einmal sollten die beiden Leute doch ein Kind bekommen. Der Mann freute sich wohl sehr darüber und brachte der Frau jeden Tag etwas Besonderes zu essen mit: Ravioli in der Dose oder chinesische Morcheln, Pfifferlinge in Weinsoße oder Gebirgstannenhonig.

Aber was er ihr auch mitbrachte, sie sagte immer: »Ach, Gott, hätte ich doch nur Rapunzeln! Rapunzeln sind meine Leibspeise, und wenn du mir keine Rapunzeln besorgst, werde ich wohl sterben müssen. Ach, lieber Mann, dann wirst du auch verhungern; wenn ich nämlich tot bin, kann ich nicht mehr für dich kochen. Und das Kind bekommen wir dann auch nicht.«

Da ging der Mann in alle Gemüsegeschäfte, aber Rapunzeln gab es nicht. Er ging auch in den Zauberladen »König«, wo es Zauberkunststücke und Zaubergegenstände zu kaufen gibt, und Herr König gab ihm eine Adresse in Amerika. Dorthin schrieb der Mann einen Brief. Von dort gab man den Brief weiter nach Japan. Die Japaner schrieben dem Mann, Rapunzeln hätten sie nicht, doch wüßten sie eine Adresse, wo er welche bekommen könnte. Und diese Adresse war die der Frau Gothel.

»Ich lege mich jetzt hin«, sagte die Frau. »Morgen werde ich sterben, wenn du mir keine Rapunzeln besorgst. Ich fühle schon, wie ich ganz blaß werde.«

Was konnte der Mann tun? Er ging zur Frau Gothel, doch sie verkaufte keine Rapunzeln. Also stieg er bei Nacht über die Mauer, der Mond schien etwas durch die Wolken. Oben hinter der Gardine stand die Frau Gothel und sah ihn. Aber sie sagte noch nichts. Der Mann grub zwei Rapunzeln mit der Hand aus und brachte sie seiner Frau.

Kaum hatte sie die zwei Rapunzeln gegessen, bekam sie Appetit auf vier und sagte: »Wenn du mir keine vier Rapunzeln besorgst, werde ich wohl sterben müssen. Ich kann ohne Rapunzeln nicht mehr leben. Dann werden wir auch kein Kind bekommen.«

Da stieg der Mann in der nächsten Nacht wieder über die Mauer. Der Mond schien durch die Wolken, und die Frau Gothel stand oben hinter der Gardine und sah alles genau.

Er grub vier Rapunzeln mit der Hand aus und brachte sie seiner Frau.

Doch kaum hatte sie die vier Rapunzeln gegessen, bekam sie Appetit auf acht Rapunzeln und sagte: »Wenn du mir keine acht Rapunzeln bringst, muß ich wohl sterben. Was wirst du dann machen, ohne mich? Wer soll nur für dich kochen? Da mußt du wohl verhungern. Ach, Gott, und das Kind bekommen wir auch nicht.«

Also stieg der Mann in der nächsten Nacht wieder über die Mauer, und der Mond schien durch die Wolken.

Die Frau Gothel aber stand oben hinter der Gardine und sah alles genau. Er grub acht Rapunzeln aus und brachte sie seiner Frau.

Kaum hatte sie die letzte verspeist, bekam sie Appetit auf doppelt so viele Rapunzeln und sagte: »Morgen werde ich wohl tot vom Stuhl fallen, denn ich weiß, daß du mir keine Rapunzeln mehr besorgen kannst. Ach, du armer Mann, dann wirst du wohl verhungern müssen, weil ich nicht mehr für dich kochen kann. Und das Kind bekommen wir auch nicht.« Der Mann stieg also wieder über die Mauer, der Mond schien von oben, und Frau Gothel stand hinter der Gardine und sah alles genau.

Eines Tages aber wollte die Frau des Mannes sieben Körbe Rapunzeln haben, und der Mann sollte siebenmal über die Mauer steigen. Und als die Frau sagte: »Wenn du mir keine sieben Körbe Rapunzeln bringst, falle ich sofort vom Stuhl, bin tot, und keiner wird für dich kochen«, da sagte der Mann: »Ich tu's nicht mehr. Das ist Diebstahl und wird bestraft. Außerdem kann ich Bratkartoffeln kochen. Dann koche ich mir eben Bratkartoffeln.« Da legte sich die Frau auf die Erde und stellte sich schon halb tot. Der Mann

stieg also ein letztes Mal über die Mauer, packte die Rapunzeln in die Körbe – und mit einmal stand die Frau Gothel neben ihm.

»Diebesgesindel sind die Nachbarn«, sagte sie. »Nicht mal seinen Garten kann man in Frieden bestellen. Ich werde Sie vor Gericht bringen.«

Frau Gothel wußte längst, daß der Mann und die Frau ein Kind bekommen sollten. Sie aber wünschte sich auch ein Kind. Und als der Mann dastand, den Hut in den Händen herumdrehte, um Gnade und Vergebung bat, sagte sie: »Gut, ich werde Sie nicht anzeigen! Aber ich will ein Kind.«

Nun hatte der Mann aber kein Kind, das er ihr hätte geben können, und in seiner Not versprach er ihr also das Kind, das seine Frau bald bekommen würde, und Frau Gothel versprach ihm so viele Rapunzeln, wie seine Frau nur immer haben wollte – bis das Kind käme.

Ab jetzt gab es bei den beiden Leuten immer nur Rapunzeln. Rapunzeln, Rapunzeln. Mit Salz, mit Zucker, mit Pfeffer, mit Honig. Gekocht, geribbelt, geschnitten, eingelegt und gedünstet. Zu Mittag Rapunzeln, zum Frühstück Rapunzeln, am Abend Rapunzeln. Rapunzeln als Vorspeise, Rapunzeln als Hauptspeise, Rapunzeln als Nachspeise. Rapunzelkompott, Rapunzelmarmelade und Rapunzelsuppe.

Die Frau konnte nicht genug davon bekommen, es war nicht mehr zum Aushalten. Und so war es auch kein Wunder, daß die Frau kein Kind bekam, sondern Rapunzeln. Darüber geriet Frau Gothel furchtbar in Wut, denn wie sehr hätte sie sich doch das Kind gewünscht! In ihrer Wut riß sie alle restlichen Rapunzeln aus ihrem Garten und verbrannte sie. Nie, nie wieder hat sie Rapunzeln angepflanzt. Seitdem gibt es keine Rapunzeln mehr auf der Welt. Oder hast du schon welche gegessen?

211

Die schöne Kathrine und Piff Paff der Polterie

Guten Tag, Herr Holenther.«
»Guten Tag, *Piff Paff der Polterie.*«
»Könnt ich Ihre Tochter Kathrine wohl kriegen?«
»Kriegen wohl. Wenn die Mutter Schluh und der Bruder Hosenstolz und die Schwester Käseltraut und die schöne Kathrine wohl will.«

»Wo ist denn die Mutter Schluh?«
»Sitzt im Stall, melkt die Kuh.«

»Guten Tag, Mutter Schluh.«
»Guten Tag, *Piff Paff der Polterie.*«
»Könnt ich Ihre Tochter Kathrine wohl kriegen?«
»Kriegen wohl. Wenn der Vater Holenther und der Bruder Hosenstolz und die Schwester Käseltraut und die schöne Kathrine wohl will.«

»Wo ist denn der Bruder Hosenstolz?«
»Ist hinterm Haus und hackt Holz.«

»Guten Tag, Bruder Hosenstolz.«
»Guten Tag, *Piff Paff der Polterie.*«
»Könnt ich Ihre Schwester Kathrine wohl kriegen?«
»Kriegen wohl. Wenn der Vater Holenther und die Mutter Schluh und die Schwester Käseltraut und die schöne Kathrine wohl will.«

»Wo ist denn Schwester Käseltraut?«
»Sitzt am Klavier und singt laut.«

»Guten Tag, Schwester Käseltraut.«

»Guten Tag, *Piff Paff der Polterie*.«

»Könnt ich Ihre Schwester Kathrine wohl kriegen?«

»Kriegen wohl, wenn der Vater Holenther und die Mutter Schluh und der Bruder Hosenstolz und die schöne Kathrine wohl will.«

»Wo ist denn die schöne Kathrin?«

»Sitzt in der Stube und ißt Aspirin.«

»Guten Tag, schöne Kathrine.«

»Guten Tag, *Piff Paff der Polterie*.«

»Willst du wohl meine Braut sein?«

»Wollen wohl. Doch muß ich erst den Vater Holenther und die Mutter Schluh und den Bruder Hosenstolz und die Schwester Käseltraut fragen, ob ich wohl soll.«

»Guten Tag, Vater Holenther.«

»Guten Tag, Tochter Kathrine.«

»Der *Piff Paff der Polterie* hat gefragt, ob ich wohl seine Braut sein wolle.«

»Wollen wohl. Aber da mußt du erst die Mutter Schluh und den Bruder Hosenstolz und die Schwester Käseltraut fragen, ob du auch sollst.«

Die Mutter Schluh schickte sie zum Bruder Hosenstolz, der Bruder Hosenstolz zur Schwester Käseltraut, die Schwester Käseltraut zum *Piff Paff der Polterie*. Der *Piff Paff der Polterie* ging wieder zum Vater Holenther fragen. Und als sie achtzig Jahre lang gefragt hatten, waren der Vater Holenther, die Mutter Schluh und der Bruder Hosenstolz gestorben. Und als letzte starb die Schwester Käseltraut.

Da wurde die schöne Kathrine sein Schatz.

Aber sie waren wohl auch schon über hundert Jahre alt.

König Drosselbart

Es war einmal ein reicher Mann, der hatte eine schöne Tochter. Weil sie aber alles in Hülle und Fülle besaß und der Vater ihr auch noch alles kaufte, was sie haben wollte, gab es nichts mehr, was sie sich wünschte, erst recht nichts, worüber sie sich freute. Und deswegen wurde sie übermütig. Dann wurde sie aufsässig und eigensinnig und meckerte an allem herum.

Weil ihr Vater aber so reich war und sie obendrein so schön und sie eines Tages alles erben sollte, kamen viele Männer, die sie heiraten wollten.

Einmal kam ein ganz langer Baron mit einem dünnen Hals, besaß aber acht Schlösser und wer weiß noch was.

Da spottete das Mädchen: »Was der für lange Beine hat und was für einen dünnen Hals! Der könnte im Zirkus auftreten als Eiffelturm mit Hut, der husten kann, hahaha.«

Dann brachte ihr der Vater einen älteren, etwas dicken Bräutigam, der fünf Wurstfabriken besaß, vier Millionen wert das Ganze!

»Junge, Junge«, lachte ihn das Mädchen aus. »Da muß er wohl ein Auto mit Fernlenkung haben, besser noch einen Omnibus, wo er hinten auf dem letzten Platz sitzt, damit er seinen Schmerbauch vor das Lenkrad bringen kann, hahaha. Und wenn ich mich vor seinen Bauch stelle, brauche ich wohl ein Fernglas, wenn ich seine Glatze sehen will.«

Jeden, der um ihre Hand anhielt, verhöhnte sie, lachte ihn aus, machte sich lustig über ihn und gab ihm einen Spitznamen.

»Alle Männer auf der ganzen Welt wollen mich heiraten«, sagte das Mädchen. »Ich kann jeden bekommen, den ich haben will, das hängt mir zum Hals heraus und ist mir langweilig.«

Aber einer kam immer wieder und schickte ihr jeden Tag rote

Blumen, manchmal mehr als vierzig in einem Strauß, den nannte sie »König Drosselbart«, denn sein Kinn war etwas zu lang.

Von der Seite sah er aus wie eine Drossel, von vorne sah er aus wie eine Drossel und von hinten auch.

Drosselbart aber war sehr, sehr reich, und der Vater des Mädchens ärgerte sich, daß seine Tochter den Mann nicht heiraten wollte. Er hatte nämlich schon seinen und Drosselbarts Reichtum zusammengerechnet.

»Ich pfeife auf euren Reichtum«, sagte die Tochter. »Du kannst ihn dir an den Hut stecken, du kannst ihn dir an die Schuhe schmieren! Mir hängt alles zum Hals raus. Ich heirate einen Bettler, jawohl!«

Und sie packte einen leichten Koffer voll mit bunten Kleidern und lief von zu Hause weg. Sie fuhr in die Stadt, dort traf sie viele junge Burschen, die bettelten. Und sie ging zusammen mit einem, der kämmte sich nicht, der ließ sich die Haare nicht schneiden, und sein Bart war dreißig Zentimeter lang. Er hatte bunte Kleider an und trug keine Schuhe.

»Wo wohnen wir?« fragte das Mädchen.

»Überall«, sagte der junge Bursche. »In allen Häusern, die leer sind, denn alles gehört allen.«

Also schliefen sie in alten Häusern, die abgerissen werden sollten. Aber die Polizei verjagte sie; denn diese Häuser gehörten dem Drosselbart.

Dann schliefen sie in neuen Häusern, wo noch niemand drin wohnte, weil die Wände noch nicht gestrichen waren. Aber die Polizei verjagte sie; denn die neuen Häuser gehörten auch dem Drosselbart.

»Dann schlafen wir in der Natur«, sagte der Bursche, und sie legten sich unter die Bäume, die dort am Stadtrand standen. Aber die Polizei verjagte sie; denn die Bäume und das Land gehörten dem Drosselbart.

Wenn es kalt war und das Mädchen manchmal fror, sang sie leise:

»Ach, die Kälte ist kalt und die Erde hart,
aber das ist immer noch besser als Drosselbart.«

Sie fragte den jungen Burschen: »Was essen wir?«
»Kannst du etwas arbeiten?« fragte er.
»Nein.« Sie konnte nichts arbeiten.
»Dann gehen wir betteln.«
Sie gingen betteln, aber manchmal hatten sie mehr Hunger, als sie erbettelten, und sie sang:

»Ach, die Kälte ist kalt und die Erde hart,
aber das ist immer noch besser als Drosselbart.«

Dann kam der Winter, und sie wollten nach Spanien. Sie stellten sich an die Straße und fuhren mit den Autos, die sie mitnahmen. In Spanien sahen sie schöne Häuser, kleine und große. Sie gehörten dem Drosselbart.

Die bunten Kleider des Mädchens waren zerrissen, und sie konnte sich keine neuen kaufen. Auch gaben ihnen die Leute dort nichts, wenn sie bettelten.

Da hörte die Liebe auf, und das Mädchen fuhr zurück zu ihrem Vater.

Als der Drosselbart einmal ein großes Fest veranstaltete und auch das Mädchen eingeladen war, da sah sie dort den Sohn des Drosselbart und erkannte in ihm den jungen Burschen, mit dem sie betteln gegangen war. Er hatte sich inzwischen die Haare schneiden lassen und den Bart abrasiert und glich seinem Vater wie ein Ei dem andern, nur war er noch häßlicher als sein Vater. Auch er war nämlich von zu Hause weggelaufen, denn er wollte in

Armut und Freiheit leben, wollte hungern und frieren, denn der Reichtum des Vaters hing ihm damals zum Hals heraus.

Aber als es dann kalt wurde und er Hunger bekam, ging auch er zurück zu seinem Vater und lebte dort wieder bequem und in Saus und Braus.

Als nun die beiden Väter sahen, daß ihre Kinder sich schon so gut kannten, waren sie sehr froh darüber – da konnte die Hochzeit stattfinden.

Und die beiden erbten alles von ihren Vätern und wurden zusammen sehr, sehr reich.

Das Wasser des Lebens

Es war einmal eine Prinzessin, die war so schön, wie man es mit Worten nicht sagen kann. Man könnte sagen, sie hatte Haare wie schwarze Seide, Augen wie Perlen aus dem Meer, Füße so leicht wie der Wind über dem Wald, doch würde dies nicht reichen, um ihre Schönheit zu beschreiben.

Ihr Vater, der König, war ein weiser Mann. Wohl freute er sich, eine so schöne Tochter zu haben, doch lehrte er sie auch, klug zu sein. Was ihm nicht ganz gelang.

Denn die Prinzessin – auch sie war sehr froh über ihre Schönheit – wünschte sich, daß diese *nie* vergehen sollte. Daß sie ewig hielt. Und weil sie jung war, wußte sie noch nicht genug über das Leben.

»Jemand sollte mir das Wasser des Lebens bringen«, sagte sie. »Den würde ich heiraten. Dann bräuchte er nicht einmal ein Prinz zu sein.«

»Das Wasser des Lebens, welches deine Schönheit ewig werden läßt, gibt es nicht«, sprach der Vater. »Schönheit dauert nicht ewig, mein Kind. Leider ist das so. Fast nichts dauert ewig…«

Die Prinzessin glaubte dem weisen Vater nicht und wies jeden, der sie heiraten wollte, ab. Manch ein braver Mensch war darunter, mit welchem sie ein gutes Leben hätte leben und sich ihrer Schönheit hätte erfreuen können.

Die Zeit verging, und wenn sie morgens aufstand, konnte man auch erkennen, wie ihre Schönheit ein wenig zu welken begann. Der König mußte sterben, denn auch das Leben dauert nicht ewig, und er sagte noch zu ihr, bevor er die Welt verließ: »Vergiß das Wasser des Lebens, mein Kind. Nimm einen braven Menschen zum…«, an dieser Stelle starb er.

Nun kamen alle, alle, welche sie heiraten wollten, und alle, alle wies sie ab. »Kannst du mir das Wasser des Lebens bringen, will ich auch deine Frau werden.«

Freilich konnte das keiner, und wenn sie morgens aufstand, konnte man die Schönheit mehr und mehr welken sehen. Sie selbst aber sah es nicht, denn es war jeden Tag nur ein ganz klein wenig.

Da aber kam ein Bursche, der ein Lügner, ein Hallodri, ein Halunke war, und sprach: »Ei, freilich, natürlich, selbstverständlich kann ich dir das Wasser des Lebens bringen, nur wird es mich viel kosten. Möglicherweise sogar mein Leben, aber ich gäbe es hin. Sollte es so sein, dann sage ich dir schon jetzt Lebewohl, doch könntest du mir ein wenig viel Geld mitgeben, damit ich es auch bezahlen kann?«

Die Prinzessin gab ihm soviel Geld, als er nur tragen konnte, und der Lümmel machte sich auf den Weg. Er ging nicht weit, ging nur in eine Stadt hinter den Hügeln und verprasste dort das Geld mit lockeren Frauenzimmern, spielte Karten, betrank sich und ging nach etwa drei Wochen zurück. Von den letzten dreißig Hellern kaufte er ein kleines blaues Fläschchen, füllte es unter dem Wasserhahn mit Leitungswasser und brachte es der schönen Prinzessin.

»Grad noch zur rechten Zeit«, sagte er, »denn die Schönheit beginnt schon zu welken, wie wir sehen.« Er hielt ihr einen Spiegel hin, und nun sah auch sie, daß es grad noch zur rechten Zeit geschah. Daß sie das Wasser des Lebens bekam. Das Wasser der Ewigkeit.

Ei, war sie froh. Nahm den Halunken sofort zum Manne, und sie feierten eine Hochzeit, die sieben Tage und sieben Nächte dauerte. Der Lümmel aß und trank wie ein Landsknecht, verließ das Brautgemach nur, um Verpflegung zu holen.

Die Prinzessin trank jeden Tag ein Löffelchen von dem Wasser und schaute in den Spiegel. Der Bursche sagte dann voll des Wei-

nes zu ihr: »Wieder ein wenig jünger geworden, mein Herz«, und sie glaubte es ihm. Denn bei sich selbst täuscht sich ein Mensch am leichtesten und glaubt gern das, was er glauben möchte.

Die Hochzeit ging vorbei, das Wasser im blauen Fläschchen ging zur Neige, doch bevor das Fläschchen leer war, starb die Prinzessin. An Masern.

Die Leute des Königs warfen den Lümmel, denn er war immer noch voll des Weines, vor das Tor, wo er dann wieder seines Weges zog, als er erwachte. Wobei er froh sein konnte, daß sie ihn nicht auf Lebenszeit in den Kerker warfen oder mit einer Lanze erstachen.

Das Hirtenbübchen

Es war einmal ein Hirtenbübchen, das war wegen der weisen Antworten, welche es gab, weit und breit bekannt. »Weiser als drei Weise zusammen, und wären sie über hundert Jahre alt«, sagte man.

Da befahl der König, den Knaben zu ihm zu bringen, wollte er doch sehen, was an der Rede war.

Doch der Knabe weigerte sich. »Mir hat keiner etwas zu befehlen«, sagte er.

Da ließ der König ihn mit Gewalt holen. Er sprach zu dem Knaben: »Kannst du mir drei Fragen, die ich dir stellen werde, beantworten, so will ich dir alles geben, was du dir wünschst, und sei es mein ganzes Reich.«

Der Knabe antwortete nicht darauf, hatte aber wohl gemerkt, daß der König in seiner einfältigen Ungenauigkeit vergessen hatte zu sagen: »... *Richtig* beantworten ...« Denn *darauf* käme es an.

»Und wenn du sie nicht beantwortest, lasse ich dich in den Kerker werfen.«

Nichts wäre für den Knaben schlimmer gewesen, als seine Freiheit zu verlieren. Also stellte der König die erste Frage: »Sage mir, wie tief ist das Meer an seiner tiefsten Stelle!«

»Zwölftausenddreiunddreißig genau«, sagte der Knabe. »Meter. Laßt es nachmessen.«

Das freilich konnte der König nicht, sonst hätte er es längst getan und gewußt und nicht fragen müssen. »Hm«, knurrte er. »Zweite Frage: Wo beginnt die Ewigkeit, und wo hört sie auf?«

Der Knabe überlegte eine kleine Weile, hob den Finger und sagte: »Hier an der Spitze meines Fingers beginnt sie, dann um-

225

kreist sie die Zeit, und schon in dieser Sekunde ist sie wieder zurück.« Dann schnippte er mit dem Finger: »Schnipp, das ist sie. Habt Ihr's gehört?«

Der Narr des Königs hatte das mitangehört und wiegte den Kopf: »Er weiß wohl noch mehr, als die Leute von ihm sagen, und fast soviel wie ich.«

Der König stellte die dritte Frage: »Wie heiß ist das Feuer, Bube?«

»Laßt einen Kessel mit Feuer hereintragen!«

Man brachte einen Kessel mit Feuer.

»Jetzt legt die Hand in das Feuer. So heiß ist es!«

Was der König freilich nicht tat. Aber wie könnte die Antwort auf eine Frage besser erfahren werden als so?

»Was für ein Knabe«, sagte der König und bedauerte, daß er einen solchen Sohn nicht hatte. Seiner war nicht klug, eher dumm. »Nun wünsche dir, mein Junge, was du begehrst!« Hoffte der König doch, der Knabe würde sein Reich begehren und das Land hätte nach ihm einen guten König. Aber nichts begehrte der Knabe, nichts.

»Nur, daß Ihr mir nie wieder etwas befehlt, solange ich lebe.« Und das war dann doch wieder unendlich viel. Und er ging hinaus aus dem Palast, ohne sich noch einmal umzuschauen.

Die drei Raben

Es war einmal eine Frau, die hatte drei Söhne und eine Tochter. Die Söhne waren so rechte Raufbolde. Sie rauften und prügelten sich den ganzen lieben langen Tag, trieben Unfug, zogen jeden an den Haaren, der es sich gefallen ließ, und an den Sonntagen gingen sie nicht in die Kirche.

Als die Mutter es so nicht mehr ertragen wollte, verwünschte sie die drei: »Raben sollt ihr sein, ihr Pack, und nicht mehr meine Söhne.«

Noch am gleichen Tag wuchsen den drei Söhnen schwarze Federn und Schnäbel. Gelbe Füße und Flügel, und sie flogen durch das Fenster davon.

Wohl hatte es die Mutter nicht so ernst gemeint, aber gesagt ist gesagt, und Mutters Wort wiegt schwer.

Die Schwester weinte sehr um ihre Brüder, denn sie hatte sie doch sehr lieb, auch wenn sie ihr Kaulquappen in die Limonade getan oder Pech auf den Nachttopfrand geschmiert hatten, Schwesterliebe verzeiht am Ende alles, und so verließ auch die Schwester ihre Mutter, nahm noch ihr kleines Stühlchen mit, um sich unterwegs ausruhen zu können, und ging die Brüder suchen. So blieb denn die Frau allein zu Haus und bereute sehr, was sie da angerichtet hatte.

Das Mädchen wanderte weit durch die Welt, trug sein Stühlchen mit sich herum und sah viele Raben auf den Feldern. Fragte auch alle, ob sie's wären, aber sie krächzten nur: »Krääh hä!«

Doch einmal flogen drei Raben über ihren Kopf hinweg, und da sah sie, daß einer von ihnen einen kleinen Ring an seinem Zeh trug. Diesen Ring erkannte sie wieder, einer der Brüder hatte ihr ihn einst geklaut. Einst hatte sie darüber geweint, nun aber war dies ein großes Glück. Manches, was erst ein Unglück scheint, ist am Ende doch ein großes Glück. Und sie folgte den Raben bis zu einem gläsernen Berg. Trug immer ihr kleines Stühlchen mit sich.

Als die Raben zu dem gläsernen Berg kamen, öffnete er sich, und sie verschwanden darin, und sie konnte sie nimmer sehen.

Das Mädchen ging rund um den Berg, doch fand sie keinen Eingang. Da setzte sie sich auf ihr Stühlchen und weinte. Als die Sonne vorbeikam und das Mädchen fragte: »Warum weinst du, mein Kind?«, sagte es: »Meine drei Brüder sind in diesem Berg verschwunden. Denn unser Mütterlein hat sie verflucht, und nun sind sie zu Raben geworden.«

»Da mußt du warten, bis der Mond kommt. Der kann dir sagen, was du tun sollst, denn der Tag ist vorbei, und ich muß weiter.« So blieb das Mädchen auf seinem Stühlchen sitzen.

Als der Mond kam und das Mädchen fragte: »Auf was wartest du da, mein Kind?«, sagte es: »Auf dich, denn die Sonne hat gesagt, du könntest mir sagen, was ich tun muß, um meine drei Brüder in dem gläsernen Berg zu finden. Unsere Mutter hat sie verflucht, und nun sind sie Raben.«

»Da solltest du die Sterne fragen, mein Kind, denn sie sind älter als ich und wissen viel mehr.« Da nahm das Mädchen sein Stühlchen mit und wanderte hinauf in den Himmel. Es fragte die Sterne.

Die Sterne sagten: »Da mußt du einen blutigen kleinen Knochen haben. Den hältst du an den gläsernen Berg. Dort aber, wo das Blut den Berg berührt, wird ein Schlüsselloch sein. Du drehst ihn dreimal nach rechts und einmal nach links, dann öffnet er sich. Danach wirst du den Bergzwerg treffen. Aber gib ihm nicht die Hand, hast du gehört? Gib ihm *nicht* die Hand, was auch immer geschieht.«

Das Mädchen versprach, dies nicht zu vergessen, und ging zurück zu dem gläsernen Berg, nur hatte es leider keinen blutigen Knochen. Und sie saß da und weinte, bis ein Wicht kam und

229

sprach: »Ei, was suchst du einen blutigen Knochen, Maid. Schneide doch dein Fingerlein ab, wenn du deine Brüder liebst. Hihihi!« Gab ihr ein Messerlein und verschwand.

Das Mädchen überlegte nicht länger als eine Sekunde und schnitt sich ein Fingerlein ab. Als sie das abgeschnittene Fingerlein an den gläsernen Berg hielt, war da ein Schlüsselloch. Sie drehte das Fingerlein drei mal nach rechts und einmal nach links, und eine Tür ging auf.

Als sie mit ihrem Stühlchen in den gläsernen Berg kam, war da der Bergzwerg und hieß das Mädchen willkommen. Sagte: »Guten Tag, mein liebes Kind«, und streckte ihm die Hand hin. Beinahe hätte das Mädchen vergessen, was die Sterne gesagt hatten, und hielt ihm schnell das tote Fingerlein entgegen. Da schreckte der Bergzwerg blitzschnell zurück und hieß sie, ihm zu folgen.

Sie kamen bald an eine steile Treppe, die hinaufführte in einen Saal. Die Treppe war sehr steil, und der Bergzwerg streckte dem Mädchen seine Hand entgegen, um ihr zu helfen.

Beinahe hätte das Mädchen vergessen, was die Sterne gesagt hatten, besann sich noch rechtzeitig und streckte dem Bergzwerg das tote Fingerlein entgegen. Blitzschnell zog er seine Hand zurück.

In dem Saal war ein goldener Tisch, und um den goldenen Tisch standen vier hohe goldene Stühle.

»Wenn du zu deinen Brüdern gelangen willst, mußt du auf einen goldenen Stuhl steigen«, kicherte der Bergzwerg. »Ich helfe dir«, dabei streckte er dem Mädchen seine Hand entgegen, und beinahe hätte es in seiner Freude vergessen, was die Sterne gesagt hatten, streckte ihm schon seine Hand entgegen, besann sich aber und hielt ihm das blutige Fingerlein hin. Als der Bergzwerg aber das Fingerlein berührte, zersprang er in zwei Teile und verschwand als ein Nebel. Weil das Mädchen sein Fingerlein aus Liebe zu seinen

230

Brüdern geopfert hatte. Hätte das Mädchen ihm aber seine Hand gereicht, wäre es zusammen mit seinen Brüdern für immer in dem gläsernen Berg gefangen gewesen.

Nun aber stieg es erst auf sein kleines Stühlchen und dann auf den hohen Stuhl, denn dort saßen die drei Brüder auf ihren hohen Stühlen. Wie war die Freude groß, als sie ihre Schwester erkannten. »Der Bergzwerg ist tot, der Bergzwerg ist tot«, sangen sie. Oder krächzten sie?

Sie sangen. Denn nun waren sie wieder Knaben. Der gläserne Berg löste sich in Luft auf, das Mädchen nahm sein Stühlchen, und sie gingen zusammen zurück zu ihrer Mutter.

Ei, war die gute Mutter froh, als sie ihre Kinder wieder hatte, und sie durften nun raufen und jeden an den Haaren ziehen, der es sich gefallen ließ, soviel sie wollten. Ihre Mutter verwünschte sie nie mehr.

Das Mädchen aber behielt sein Stühlchen zeit ihres Lebens bei sich.

Das Eselein

Es waren einmal zwei Leute, die waren nicht arm, sie besaßen ein Haus mit Garten, ein Auto, ein Boot und hatten zwei Töchter.

Den Kindern ging es gut, jedes hatte ein eigenes Zimmer mit allen Geräten, die sich ein Kind wünscht. Farbfernseher mit Fernbedienung, jede Sorte Discoplayer und sogar ein Hundchen. Der war für alle zusammen. Die Kinder hatten Tiere sehr gern und wünschten sich nach und nach noch eine Katze, zwei Meerschweinchen (für jede also eines), einen Kanari, doch dann fiel ihnen nichts mehr ein.

Aber dann fiel ihnen doch wieder etwas ein, denn sie hatten es im Fernsehen gesehen: »Ein Eselein. Ach, lieber guter Vater, beschaffe uns ein Eselein.«

Der Vater sagte, das könne er nicht tun, er würde wohl alles gern tun, aber manches dann doch nicht. »Ein Eselein braucht einen Stall.«

»Es könnte in meinem Zimmer wohnen.«

»Nein, nein, es müßte in meinem Zimmer wohnen.«

»Ein Esel braucht Eselsfutter.«

»Es könnte von meinem Tellerlein essen.«

»Nein, nein, von meinem Tellerlein.«

»Ein Eselein will aber springen.«

»Ach, es könnte nach Herzenslust springen, wir würden schon dafür sorgen«, riefen die Töchter.

Doch der Vater gab nicht nach, er wußte, daß sie bald ein Brüderlein oder Schwesterlein bekommen würden, und sagte: »Freut euch lieber auf ein Brüderlein, denn damit kann man mehr anfangen.«

Doch sie freuten sich gar nicht so recht, weil es nicht wahr ist:

233

Mit einem Esel kann man mehr anfangen, denn man kann auf ihm reiten, ihn am Schwanz ziehen, ihn mit Gras füttern. Kurzum, sie wollten keinen Bruder.

Und als sie dann doch einen bekamen, waren sie dessen nicht unfroh, denn nun konnten sie alles mit ihm machen, was ein Eselein tun muß.

»Er wohnt in meinem Zimmer.«
»Nein, nein, in meinem.«
»Er ißt von meinem Tellerlein.«
»Ach nein, von meinem.«

Und so ging das hin und her, sie ließen ihr Brüderlein ein Eselein sein, und das taten sie so lange, bis ihm lange Ohren wuchsen. Er bekam ein Fell und hinten einen Eselsschwanz. Er durfte nichts anderes sagen als: »IA – IA.«

Natürlich liebten sie ihn auch. Liebten ihn sogar mehr, als sie einen Bruder geliebt hätten. So sehr sogar, daß die Katze unauffällig entfliehen konnte, ohne daß sie es bemerkten. Denn nun waren sie nur für das Eselein da.

Die Zeit verging, das Eselein wurde so groß, daß sie bald anfingen, auf ihm zu reiten und ihm dann und wann auch schon einmal auf die Rückseite klopften, damit es schneller gehen sollte.

Da wurde es dem Bruder zu dumm. Eines Nachts – es war wohl Vollmond – zog er sein Eselsfell aus, stülpte es einer der beiden Schwestern über den Kopf und lief davon. Und wir haben nie wieder etwas von ihm gehört.

Der Riese und der Schneider

Es war einmal ein Schneider, der war schwach wie ein Wurm, dabei aber ein richtiges Großmaul. Überall spielte er sich auf, protzte mit seiner Kraft und markierte den starken Maxe. Einmal fuhr er in der Straßenbahn. Da sah er einen Riesen sitzen. So einen dicken, starken Riesen mit Muskeln wie Krautköpfe, einem Kopf wie ein Bierfaß. Er saß dort mit seinem Hinterteil gleich auf drei Plätzen. »Dem werd ich's zeigen«, dachte der Schneider und stellte sich direkt neben ihn.

Alles war verboten in der Straßenbahn, überall hingen Schilder:

Auf den Boden spucken verboten!
Scheiben beschmieren verboten!
Rauchen verboten!
Fahrgäste belästigen verboten!

Und der Schneider spuckte auf den Boden. Direkt vor dem Riesen.

»Holla«, dachte der Riese, »der traut sich aber was! Wenn sie den erwischen!«

Dann beschmierte der Schneider die Scheibe mit seiner dreckigen Hand.

»Mann, o Mann«, dachte der Riese, »das würde ich mich nicht trauen. Der wagt ja mehr als die Polizei.«

Jetzt holte der Schneider eine Zigarette aus der Tasche, zündete sie an und paffte dem Riesen direkt ins Gesicht.

Der Riese hustete schon, guckte den Schneider von der Seite an und zog den Kopf zwischen die Schultern. »Na«, dachte er, »wenn das bloß gut geht! So viele Straftaten auf einmal, da gehört gewal-

tiger Mut dazu. Den können sie ja glatt auf drei Monate ins Kittchen stecken.«

Aber was tat der Schneider nun? Er drückte die Kippe nicht erst lange aus, sondern steckte sie dem Riesen in die Jackentasche. Oben links, wo das kleine Taschentuch als Verzierung drinsteckt. Dort fing es auch sofort an zu glimmen und zu stinken und zu qualmen und zu schwelen, und der Schneider fing obendrein noch an, den Riesen zu belästigen: »He, Sie, Mann«, sagte er, »das ist doch wohl die Höhe! Qualmen hier herum, stinken aus der Tasche, da werde ich mich beschweren, jawohl!«

Der Riese, der doch ein Riese war und stark, war aber auch etwas einfältig und dachte: »Wer sich so aufführt, der kann wohl mehr, als Sauerkraut essen«, und wäre froh gewesen, den Schneider los zu sein.

Da kam der Kontrolleur. Als der Schneider keine Fahrkarte hatte, warf der Kontrolleur ihn hinaus. Da freute sich der Riese und schaute aus dem Fenster, wie er zu Fuß hinter der Straßenbahn herlaufen mußte, der freche Schneider.

Von einem treuen Sperling

Es war einmal ein Sperling, der hatte sich mit einem Hund befreundet, weil der Hund fast jeden Tag sein Futter mit ihm teilte. Er ließ ihn die Knochen benagen, wenn er mit Fressen fertig war und mit den Zähnen die kleinen Fleischfetzen nicht mehr fassen konnte. Auch das Mark in den Knochen, an das er nicht herankam, schenkte er dem Sperling.

»Mark ist das Beste vom Knochen«, sagte der Hund immer. »Es macht stark, macht ein schönes Fell und schmeckt auch gut. Da kannst du mir dankbar sein.«

Auch Gemüse schenkte er dem Sperling, denn Gemüse schmeckte ihm nicht, Gemüse fraß er nur in der Not.

»Gemüse ist die gesündeste Kost«, sagte der Hund. »Gemüse macht gesund, flink und froh und schmeckt auch gut. Da kannst du mir dankbar sein.«

Aber auch Brot schenkte er dem Sperling, wenn ihm jemand welches vor die Hundehütte warf, denn ein Hund frißt kein Brot. »Brot ist die Mutter aller Ernährung«, sagte der Hund. »Wer kein Brot hat, der leidet Not. Im Brot sind alle kostbaren Nährstoffe enthalten, die ein Vogel braucht. Da kannst du mir aber wirklich dankbar sein.«

Und so wurde der Sperling des Hundes bester Freund.

Einmal war Hochzeit im Wald. Der Rehbock wollte ein Reh heiraten und lud alle Tiere im Wald zur Hochzeit ein, auch den Sperling.

»Ich komm nicht ohne meinen Freund«, sagte der Sperling. Er pickte den Bindfaden durch, an den der Hund festgebunden war, und nahm ihn mit auf die Hochzeit.

Die Hochzeit war schön lustig. Aber wie das so geht, der Hund trank zuviel und hatte danach einen hündischen Rausch. Er

239

schwankte und sang und heulte, und der Sperling führte ihn, so gut es ging, nach Hause.

Als sie zur Landstraße kamen, legte sich der Hund hin und schlief ein. Der Sperling zerrte und zog an ihm, allein, es nutzte nichts, denn wer zuviel getrunken hat, schläft wie ein toter Stein, und ein Sperling ist kein Hafenarbeiter, hat also keine Muskeln.

Und schon kam ein Auto angerast. Viel zu schnell, viel zu weit links, und der Sperling flog ihm entgegen und schrie dem Autofahrer durch das offene Seitenfenster zu: »Fahren Sie langsam, Mann, auf der Fahrbahn liegt ein Hundchen und schläft. So treten Sie doch auf die Bremse, Sie Verdammter. Man darf keine Tiere überfahren...«

Doch der Mensch scherte sich nicht um den Vogel, schon gar nicht um den Hund, fuhr noch weiter links und überfuhr ihn. Tot.

Ein Bauer beschrieb den Unfall bei der Polizei nachher so: »Ich sah, wie das Auto erst einen Hund überfuhr, dann aber ruhig noch einen halben Kilometer mit gleichem Tempo seine Fahrt fortsetzte. Mit einmal fing es an zu schlökern, als ob der Fahrer zuviel getrunken hätte. Raste gegen einen Baum, prallte ab, flog an einem Baum vorbei gegen die Mauer und überschlug sich.

Ich meine, ich sah, wie ein Vogel ihm nachgeflogen war, gegen das Dach pickte, dann aber das Auto überholte und sich von vorn gegen die Windschutzscheibe warf. Nur könnte ich dieses letztere nicht beschwören, Herr Wachtmeister.«

Der amtsführende Polizist ließ dann den letzten Satz aus dem Protokoll, auch schien er ihm für den Hergang des Unfalls nicht wichtig. Ein Vogel gegen ein Auto – das erschien ihm lächerlich.

Den toten Autofahrer holte ein Krankenwagen und das Autowrack eine Werkstatt für den Autofriedhof.

Das tote Hundchen holte keiner.

Und in der Werkstatt kratzte einer von den Jungens ein paar Federn mit Blut von der zerschmetterten Windschutzscheibe. »Könnte ein Sperling gewesen sein«, sagte er. Womit er recht hatte.

Jorinde und Joringel

Es waren einmal ein Mädchen, das hieß Jorinde, und ein Junge, der hieß Joringel. Sie waren einander versprochen, sie gingen zusammen in den Wald, waren lustig, versteckten sich voreinander, suchten sich wieder, setzten sich ins Gras unter Bäume, und Jorinde sang das traurige Vogellied:

> »Mein Vöglein mit dem Ringlein rot,
> sing Leide, Leide, Leide.
> Du singst dem Täubchen seinen Tod,
> sing Leide, Leide, Leide…«

Da kam ein alter Mann vorbei und sprach: »Wer das traurige Vogellied singt, sollte sich hüten. Denn wenn er in den weißen Blumenkreis tritt, wird er zu einem Leidevogel. Hörst du mich, Jorinde? Der sollte sich hüten…«

Doch Jorinde wollte ihn nicht anhören, denn wer mit seinem geliebten Schatz fröhlich durch den Wald springt, sieht und hört keinen alten Mann.

Und so sang sie wieder und wieder:

> »Mein Vöglein mit dem Ringlein rot,
> sing Leide, Leide, Leide…«

Sie liefen weiter, sprangen herum und waren gar ohne Sorgen. An das, was der alte Mann gesagt hatte, dachte keiner mehr. Und so geschah es, daß sie den weißen Blumenkreis nicht sahen und Jorinde, die vorauslief, in den Kreis trat, und ehe sie sich's versah, ward sie eine Nachtigall.

Joringel versuchte sie zu fangen, denn sie gehörte doch zu ihm,

243

doch sie flog auf einen Baum, von dort auf einen anderen Baum, und Joringel konnte ihr nicht folgen. Sie hatte vergessen, wer sie zuvor war, und kannte auch Joringel nicht mehr, und so flog sie davon.

Joringel lief um die halbe Welt, um sie zu finden. Suchte auf allen Vogelmärkten, denn die Leute fingen die Nachtigallen wegen ihres schönen Gesangs, es gab noch keine Radios auf der Welt und man sperrte sie in kleine Käfige und ließ sie zur Unterhaltung und Kurzweil ihrer Besitzer singen. Verhängte dann auch die Käfige, damit sie meinten, es sei Nacht, denn Nachtigallen singen nur bei Nacht, und so mußten sie Tag und Nacht singen, so lange sie lebten.

Joringel meinte, er würde Jorinde sofort erkennen, denn sie gehörte doch zu ihm. Meinte, sie würde das traurige Vogellied wieder singen, denn sie müsse ihn wohl auch erkennen, gehörte er doch zu ihr.

Manchmal glaubte er, wenn er bei einem Vogelhändler oder Fallensteller eine Nachtigall gefunden hatte, aus dem Gesang das Lied herauszuhören:

»… sing Leide, Leide, Leide…«

Er kaufte dann den Vogel, ließ ihn aus dem Käfig, denn er meinte, dann würde sie ihn erkennen und sich zurückverwandeln oder doch wenigstens bei ihm bleiben.

Aber sie flogen alle davon. Jorinde war auch nicht unter denen, die er so fand.

Als Joringel es nicht mehr ertragen konnte, besann er sich dessen, was der alte Mann einst gesagt hatte: »Wer das traurige Vogellied singt und in den weißen Blumenkreis tritt, wird ein Vogel…«

So ging er zurück in den Wald, denn nun wollte er auch ein

Vogel werden, vielleicht würde er Jorinde dann finden. Und er sang dort das traurige Vogellied:

>»Mein Vöglein mit dem Ringlein rot,
>sing Leide, Leide, Leide.
>Du singst dem Täubchen seinen Tod,
>sing Leide, Leide, Leide…«

Dann ging er weiter durch den Wald, bis er zu einem weißen Blumenkreis kam. Er ging hinein und wurde eine Nachtigall. Er flog auf einen Baum und wieder auf einen Baum, und es dauerte nicht lange, da war da auch Jorinde, denn sie war nicht weit weg geflogen.

Als Joringel nun auch eine Nachtigall war, erkannten sie sich, bauten sich ein Nest und lebten noch lange und glücklich zusammen, viel glücklicher, als sie es gekonnt hätten, da sie noch keine Vögel waren.

Des Teufels drei goldene Haare

Im Landhaus eines reichen Mannes hackte einmal ein Holzhakker Holz. In der Frühstückspause zog er sein Hemd aus, nahm sein Frühstücksbrot und die Flasche mit dem Wasser, setzte sich hin und frühstückte. Just da schaute die Tochter des reichen Mannes aus dem Fenster und sah, daß der Holzhacker sehr kräftige Muskeln hatte, von der Sonne braun gebrannt war und viele Haare auf der Brust hatte wie John Stunning aus der Fernsehserie »Hill-Hall«.

Sie betrachtete ihn mit Wohlgefallen, denn zu dieser Zeit liebten alle Mädchen braungebrannte Männer mit Muskeln und Haaren auf der Brust wie John Stunning aus der Fernsehserie »Hill-Hall«. Also verliebte sie sich in ihn, ging hinunter in den Garten und sagte es ihm, denn zu dieser Zeit sagten alle Mädchen es freiheraus zu denen, die sie liebten.

Der Holzhacker war nicht dumm und sagte, ihm sei es ebenso ergangen, und auch er liebe sie. »Bis über die Ohren«, sagte er ein wenig stockend, denn er war im Umgang mit reichen Mädchen noch nicht sehr geübt.

Also sprach das Mädchen mit ihrem Vater, denn sie wollte den Holzhacker sofort heiraten. Das war dem Vater gar nicht recht, und um das zu verhindern, verlangte er von dem Holzhacker, daß er ihm erst einmal beweisen sollte, daß er nicht *nur* Muskeln habe, sondern auch Verstand.

»Bringe mir drei goldene Haare des Teufels, Junge, und alles soll in Ordnung sein.«

Der Holzhacker hieß Franz, der reiche Mann sammelte Kuriositäten und zahlte dafür jeden Preis. Er hatte einen Faden aus Napoleons Hose, das Innere eines Spiegels der Kaiserin Sissi, welches wohlbehalten deren Spiegelbild festhielt, das ihm ein geris-

247

sener Kunsthändler angedreht hatte. Angeblich eingebettet und versiegelt zwischen zwei silbernen Platten.

Natürlich hat ein Spiegel keine Innenseite, also nichts, was man sehen könnte, wenn man's aus dem Spiegel herausnimmt. Doch das hatte sich der reiche Mann noch nicht überlegt, und so hatte er in seinem Haus etliche Räume allein für Kuriositäten eingerichtet.

Der Holzhacker sagte: »Das wird mich einiges Geld kosten, ich habe aber keines.«

»Geld spielt keine Rolle«, sagte der reiche Mann, stattete den Holzhacker Franz mit Geld und allem aus, was er brauchen würde, um die goldenen Haare des Teufels zu suchen.

Natürlich wußte der reiche Mann, daß es keinen Teufel gibt, Reiche sind nicht dumm, sonst wären sie nicht so reich. Doch glaubte er, Franz auf diese Weise von seiner Tochter fernzuhalten.

Franz aber machte sich auf den Weg. Er wußte wohl, daß es gar keinen Teufel gibt, denn er war keineswegs dumm, doch da er das Geld des Reichen zur Verfügung hatte, suchte er vergnüglich in der Welt herum, redete mit vielen Leuten, sprach mit ihnen, und so erfuhr er alles mögliche. Er redete auch dann und wann über seine Suche nach den drei goldenen Haaren des Teufels, worüber er genauso lachte wie seine Zuhörer. Doch gelangte er so zu einem Kunsthändler, der gern die Leute über den Löffel balbierte, der sagte: »Ich werde sie Ihnen beschaffen, guter Herr Franz. Wahrheit hin, Wahrheit her, warten Sie ein wenig.«

Also besorgte sich der Mann drei goldene Haare von einem Friseur, der Popstars mit Goldhaaren frisierte, das kostete ihn nichts. Dann rahmte er sie in einem verzierten Rahmen, der kostete ihn dreißig Mark. Dann aber beschaffte er sich ein Dokument des Bischofs mit Siegel, in welchem an Eides Statt bestätigt wurde, daß es den Teufel noch gibt. Das kostete ihn am meisten. Und so ließ er sich von Franz alles geben, was er an Geld noch besaß, dabei hatte er nicht viel verdient, aber doch den Spaß gehabt.

Als Franz die drei Haare des Teufels dem reichen Mann brachte, lachte er zwar laut, denn daß es den Teufel nicht gibt, weiß fast jeder. Aber das Dokument war viel mehr wert für seine Sammlung, und er sagte: »Nichts für ungut, Franz«, denn seine Tochter hatte inzwischen einen anderen geheiratet, einen mit langen Haaren. Die Fernsehserie »Hill-Hall« war zu Ende, ein anderer Fernsehkerl war nun in Mode, einer mit langen Haaren, und so einen hatte sie inzwischen gefunden. Der Mann gab Franz noch so viel Geld, daß der einen Laden aufmachen konnte, wo er goldene Haare des Teufels verkaufen konnte. Viele Leute sammelten Kuriositäten. Schwanzhaare des Teufels kosteten mehr. Er brauchte dafür schwarze Schweinsborsten, die waren seltener als Popstar-Haare. Fast alle Schweine sind rosa.

Die Rahmen kosteten ihn fünfundzwanzig Mark, wenn er dreißig davon bestellte. Die Haare kosteten ihn nichts, die bekam er vom Friseur oder vom Metzger. Nur die Dokumente waren teuer. Doch verdient er noch so viel dabei, daß er immer noch gut davon leben kann.

Der Tod und der Gänsehirt

Einmal kam der Tod über den Fluß, wo die Welt beginnt und endet. Dort lebte ein armer Hirt, der eine Herde weißer Gänse hütete. »Du weißt, wer ich bin, Kamerad?« fragte der Tod.

»Ich weiß wer du bist. Du bist der Tod. Ich sah dich oft auf der anderen Seite des Flusses, ich kenne dich so gut, daß du mir wie ein Bruder bist.«

»Dann weißt du, daß ich hier bin, um dich zu holen und mitzunehmen auf die andere Seite des Flusses?«

»Ich weiß es.«

»Du fürchtest dich?«

»Nein«, sagte der Hirt, »ich habe immer auf die andere Seite des Flusses geschaut, ich kenne sie. Nur meine Gänse werden dann allein sein.«

»Ach«, sprach der Tod, »ein anderer Hirt wird kommen.«

»Dann ist auch das so in Ordnung«, sagte der Hirt.

»Nun, ich werde dir noch ein wenig Zeit lassen. Wünsche dir etwas, was ich dir geben werde.«

»Ach«, sprach der Hirt, »ich habe immer alles gehabt, was ich brauchte. Eine Jacke, eine Hose und einiges zu essen. Mehr habe ich nie gewollt. Ich hatte ein glückliches Leben. Ich kann die Flöte spielen.«

Nun gut, der Tod ging weiter, denn er hatte noch einige andere in der Welt abzuholen, und kam nach einer Weile wieder. Hinter ihm gingen viele. Ein Reicher war dabei, ein Geizhals, der nun alles verloren hatte, woran er gehangen hatte. Wertvolles und wertloses Zeug, Klamotten, Aktien, Gold und Häuser. Er jammerte und zeterte, denn nun hatte er nichts als sein Hemd. »Fünf Jahre noch. Fünf verdammte, kurze Jahre, und ich hätte die ganze Stadt besessen...«

251

Dann war da ein Rennfahrer. Er wurde kurz vor dem Ziel vom Tod abgeholt. Er hatte sein Leben lang trainiert, um den großen Preis von Monte Carlo zu holen. Er fluchte und schrie: »Fünf Minuten haben mir gefehlt. Fünf lächerliche Minuten, was bedeuten die schon in der Ewigkeit, und ich wäre der größte Rennfahrer aller Zeiten gewesen.«

Ein Berühmter war dabei, dem noch ein Orden gefehlt hat, für den er sein ganzes Leben aufgewendet hatte.

Dann war da ein junger Mensch, der ohne seine Braut niemals hätte leben können. Wie weinte er doch so bitterlich.

Schöne Fräuleins mit langen Haaren waren da, Reiche und Arme. Ein Armer war froh, daß sein armseliges Leben zu Ende war. Die anderen jammerten, weil sie lieber reich gewesen wären.

Ein alter Mann war freiwillig mitgegangen, denn ihm hatte das Leben nie so recht gefallen. Nun wollte er wissen, wie es danach sein wird.

Als der Tod dem Gänsehirten die Hand auf die Schulter legte, stand dieser fröhlich auf und ging mit ihm mit, als habe er seinen Bruder getroffen.

Nur die Flöte hätte er gern mitgenommen, aber das war dann nicht nötig, denn die Töne, die er einst gespielt hatte, waren da hinter dem Fluß ewig zu hören.

Bilderbücher von Janosch
bei Beltz & Gelberg

Circus Hase
Zirkustafeln mit Versen von Janosch selbst
24 Seiten, Pappband (80263) ab 4

Flaschenpostgrüße
Postkartenbuch mit 16 verschiedenen Motiven
Vierfarbig (80900) für alle

Das große Panama-Album
Der kleine Bär & der kleine Tiger und ihre Abenteuer
140 Seiten, Leinen (80279) ab 5

Hasenkinder sind nicht dumm
32 Seiten, Pappband (80371) ab 5

Ich sag, du bist ein Bär
32 Seiten, Pappband (80252) ab 4

Das kleine Panama-Album
Der kleine Bär & der kleine Tiger und ihre Abenteuer
»Kinderbibliothek«
144 Seiten, Pappband (79502) ab 5

Das kleine Schiff
32 Seiten, geheftet (80267) ab 5

Kleine Tierkunde für Kinder
32 Seiten, Pappband (80376) ab 8

Komm, wir finden einen Schatz
48 Seiten, Pappband (80555), Gulliver-Taschenbuch (78011) ab 5
Auch in Schreibschrift sowie in englischer Sprache

Das Leben der Thiere
Geschildert, bebildert und angemalt von Janosch
128 Seiten, Pappband (80585) ab 7

Liebe Grille, spiel mir was
72 Seiten, Pappband (80260)

Löwenzahn und Seidenpfote
32 Seiten, Pappband (80377) ab 7

Bilderbücher von Janosch
bei Beltz & Gelberg

Die Maus hat rote Strümpfe an
Janosch's bunte Bilderwelt
128 Seiten, Pappband (80538)   ab 6

Oh, wie schön ist Panama
48 Seiten, Pappband (80553), Gulliver-Taschenbuch (78002)   ab 5
Auch in Schreibschrift sowie in englischer Sprache
Deutscher Jugendbuchpreis

Post für den Tiger
48 Seiten, Pappband (80572), Gulliver-Taschenbuch (78031)   ab 5
Auch in Schreibschrift sowie in englischer Sprache
Holländischer Jugendbuchpreis »Der silberne Griffel«

Rasputin der Vaterbär
32 Seiten, Pappband (80270)   ab 8

Rasputins ewiger Wochenkalender
104 Seiten (80505)

Traumstunde für Siebenschläfer
Eine Geschichte von Popov und Pietzke
32 Seiten, Pappband (80526), Gulliver-Taschenbuch (78049)   ab 6
Auch in Schreibschrift

Kinderbücher von Janosch
bei Beltz & Gelberg

Das Geheimnis des Herrn Josef
Geheimnisgeschichten. Mit Bildern von Janosch
64 Seiten, Gulliver-Taschenbuch (78072)   ab 8

Die Geschichte von Antek Pistole
Ein Räuber-Roman aus Margarinien
Mit Bildern von Janosch
48 Seiten, Gulliver-Taschenbuch (78080)   ab 8

Das große Janosch-Buch
Geschichten und Bilder
296 Seiten, Leinen mit SU (80514)   ab 6
Auswahlliste Deutscher Jugendbuchpreis

Kinderbücher von Janosch
bei Beltz & Gelberg

Janosch erzählt Grimm's Märchen
54 Märchen mit vielen farbigen Zeichnungen von Janosch
254 Seiten, Leinen mit SU (80082)   ab 8

Kasperglück und Löwenreise
Mit Zeichnungen von Janosch
284 Seiten, broschiert (80304)   ab 8

Lari Fari Mogelzahn
Abenteuer in der Spielzeugkiste. Mit Bildern von Janosch
96 Seiten, Pappband (80207), Gulliver-Taschenbuch (78107)   ab 8
Auswahlliste Deutscher Jugendbuchpreis

Die Löwenreise
Jeden Abend eine Geschichte. Mit Bildern von Janosch
164 Seiten, Pappband (80502), Gulliver-Taschenbuch (78055)   ab 7

Der Musikant in der Luft
und andere Geschichten. Bilder von Janosch
64 Seiten, Gulliver-Taschenbuch (78122)   ab 6

Der Quasselkasper
Jeden Abend eine Geschichte oder Reisen und Abenteuer
Mit Zeichnungen von Janosch
80 Seiten, Pappband (80031)   ab 8

Romane von Janosch
bei Beltz & Gelberg

Cholonek
oder Der liebe Gott aus Lehm
244 Seiten, Broschur (80767)

Sandstrand
124 Seiten, Leinen mit SU (80758)